Edition Akzente
Herausgegeben von
Michael Krüger

Nella Bielski

»Wer, wenn ich schriee, hörte mich denn ...«

Ein Versuch über Rilke

Aus dem Französischen von
Ulrike Bokelmann

Carl Hanser Verlag

Titel des französischen Originals:
Récit d'une expérience

ISBN 3-446-14872-8

Umschlag: Nach einem Entwurf von Klaus Detjen
unter Verwendung einer Bleistiftskizze von Leonid Pasternak
Satz: Fotosatz Janß Pfungstadt
Druck und Bindung: Pustet Regensburg
Printed in Germany

»Wer, wenn ich schriee, hörte mich denn...«

Ein Versuch über Rilke

Die Tür, durch die du jetzt zu mir gekommen bist, habe ich lange Zeit verschlossen gehalten. Nun hat sie sich fast ohne mein Zutun geöffnet. Stunde für Stunde, Tag für Tag bin ich allen Augenblicken deines Lebens bis zur Stunde deines Todes nachgegangen. Kein Ort, kein Buch, kein Wesen haben mir je so viel gesagt wie diese Reise. War sie mühsam? Nein, sie gleicht einem lebenswichtigen Atemzug, dein Atem von meinem begleitet. Ich mußte nahezu alles verlernen, um im offenen Buch deines Lebens lesen zu können. »Jetzt und in der Stunde unsres Absterbens«, dieses Maß, dieser Bezug bildeten für dich von jüngsten Jahren an eine Waage – rechts: der gegenwärtige Augenblick, links: die Stunde unseres Absterbens. Wie hast du es nur geschafft, mit dieser Waage vor Augen zu leben?

Du schliefst, als dein Herz zu schlagen aufhörte. Der Schlaf war stets für dich Heimat, Zuflucht, als erneuere sich die Natur im Schlaf und tauche wieder in die Unschuld ein. Nacht für Nacht folgte ein kleiner Tod auf den andern, und du empfingst ihn jedesmal wie ein Geschenk. Deine Lider waren schwer, wie dafür geschaffen. Sie senkten sich wie Vorhänge und schützten dich sogar vor Träumen. Tatsächlich träumtest du selten. In jener letzten Dezemberwoche wolltest du niemanden mehr sehen. Deine Briefe, gewöhnlich mit Sorgfalt zu Papier gebracht, waren jetzt mit Bleistift und von unsicherer Hand geschrieben. Du, der du verstandest, den Schmerz ins Zentrum zu stellen, zum Ausgangs- und Zielpunkt deines Lebens zu machen, littest noch einmal große Qualen. Um sie auszudrücken, fehlten dir sogar die Worte. Da hattest du noch zu lernen, mußtest gleichsam in die Schule des Leidens gehen.

Dieses Mal wußtest du, daß es mit der Krankheit anders stand als in der Kindheit. Damals hatte sie Aufschub gewährt und als Vorwand gedient, zu wachsen, und doch die Sicherheit vermittelt, Zukunft zu erlangen. Nun aber war sie ein unheilbares Übel in deinem Gewebe, ein grenzenloser, namenloser Schmerz. Du, der du die Fähigkeit hattest, auf die »Berge des Herzens« zu steigen, der der Welt gegenüber die Wachsamkeit selber war, ein für alle Schwingungen, die feinsten Erschütterungen empfängliches Organ, du lagst in der Schweizer Klinik in Valmont, hundeelend, krank, grausam und so schmerzhaft krank, wie du nie gewagt hattest, es dir vorzustellen. Die Ärzte konnten deine Krankheit schon als eine seltene Form der Leukämie benennen, aber dich lehrte dieses Übel nur drei oder vier Schreie, in denen deine Stimme, diese Stimme, die so fein zu nuancieren verstanden hatte, zur Unkenntlichkeit entstellt war.

Zurück zu der Tür, die sich zu dir geöffnet hat. Es geschah im Jahre 1975, einem, wie man sagt, sehr guten Weinjahr in Frankreich. Der Herbst eben dieses Jahres, der Oktober, war sehr mild gewesen. Ich erinnere mich, daß damals der Wunsch in mir erwacht war, barfuß im Gras zu laufen, und auch die Lust, wegzugehen, nicht nach Amerika, Brasilien oder sonstwohin, sondern endgültig, ein für allemal. Es schien mir eine stille Lösung zu sein, wie ein Heilmittel. Es handelte sich einfach um einen Energieausfall, ein simpler biochemischer Vorgang. Der Körper wollte eben nicht mehr, und was von meinem Geist noch geblieben war, folgte ihm.

Als ich nach der Panne aufwachte, behängt mit Kanülen und Sonden, da war mein Kopf erstaunlich klar: von jetzt an galt es zu leben und meinen eigenen Tod zu sterben. Das war meine erste Gewißheit.

Nichts hatte sich zwischen dem Vorabend und jener Spätnachmittagsstunde geändert, als ich wieder zu Bewußtsein kam. Nichts Grundsätzliches auf jeden Fall, weder die Zellstruktur noch die Augenfarbe. Alles war an seinem Platz und unversehrt. Gott sei Dank, und dennoch wußte ich, dieser Tag, der 15. Oktober 1975, würde der Tag meiner zweiten Geburt sein. Siehst du, ich mußte mein zweites Leben erlangen, um mich auf die Suche nach dir begeben zu können.

Da ich dem Pflegepersonal vom Krankenhaus in St.-Cloud keinen Anlaß zur Beunruhigung gab, wurde ich in der zweiten Nacht in einen Gemeinschaftssaal verlegt. Orangefarbene Vorhänge trennten die Kranken voneinander. Man vernahm das Raunen des Elends, aber man sah es nicht. Ich weiß wie du, daß man den Geruch von Massengräbern kennen kann, ohne an Ort und Stelle gewesen zu sein. Du wirst verstehen, daß ich meine Geburtstagsnacht nicht hinter orangefarbenen Vorhängen und von Stöhnen und Schreien umgeben zubringen wollte. Ich ging also zur Nachtwache, fand dort einen etwas müden – es war drei Uhr morgens – jungen Arzt und verlangte nach einem Einzelzimmer. Ich bekam es sofort gegen wenig Entgelt, und danach schlief ich sofort ein.

Tags darauf war die Tür zu dir schon geöffnet. Ich wachte auf, und in Morgenrock und Stiefeln floh ich aus dem Krankenhaus. Den Tod versuchen ist eine Sache, sein Gefangener sein eine andere. Das war immer so für mich. »Wer spricht von Siegen? Überstehn ist alles.« So beendest du das *Requiem* für den jungen Mann, der sich mit 19 Jahren das Leben genommen hatte. – Ich spreche heute ganz leise mit dir, um dich nicht zu erschrecken. Auch wenn du tot bist, muß man Sorge um dich tragen. Lärm schadet dir nur.

Das Haus, in dem ich lange gewohnt habe, steht jetzt zum Verkauf. Mich berührt das tief, ohne daß ich wußte, warum. Dein Haus wird nie zum Verkauf stehen. Du hast deine Bleibe wirklich gut gewählt. Das wundert mich auch nicht bei dir. In deinem Leben gab es immer ein Ziel, und du hast es stets bis ans Ende verfolgt. Im Leben wie im Tod. Zeit deines Lebens tatst du nichts anderes als es aus den Augen zu verlieren, es zu suchen, es wiederzufinden und erneut zu verlieren. Dich verlieren: eine Art Kreisbewegung, die dein Leben begleitet hat. Nein, eher ein Schwanken zwischen dem Positiven und dem Negativen, nein, eine Wellenbewegung, ein Hin- und Herfluten, nicht?

In letzter Zeit ist mir oft etwas gestohlen worden. Nichts besonderes, aber Diebstahl belehrt einen. Worüber? Wir erfahren, was wir alles besitzen. In den *Elegien* ist viel die Rede von dem, was wir hier auf Erden haben, von den unverhüllten Dingen. Sie begründen das Dasein. »Preise dem Engel die Welt, nicht die unsägliche.« Der Engel weiß viel weniger als wir über die hiesige Welt. In der unsichtbaren Welt aber sind wir die Neulinge, und dort ist der Engel zu Hause. »Preise dem Engel«, sagst du, »zeig ihm das Einfache, das, von Geschlecht zu Geschlechtern gestaltet, als ein Unsriges lebt, neben der Hand und im Blick.« Die vergänglichen Dinge »traun ... ein Rettendes uns, den Vergänglichsten, zu. Wollen, wir sollen sie ganz im unsichtbarn Herzen verwandeln in ... uns.« Und du sagst: »Erde, ist es nicht dies, was du willst: *unsichtbar* in uns erstehn?«

Schau, ich sprach von einem Haus, das zum Verkauf steht, du sprachst vom Unsichtbaren. Laß uns zum Haus zurückkehren. Jetzt, wo du unter den Engeln weilst, kann ich mir vorstellen, daß du dich für Häuser interessierst. Du sagtest zum Engel: »Siehe, ich lebe. Woraus? Weder Kindheit noch Zukunft werden weniger ... Überzähliges Dasein entspringt mir im Herzen.« Weißt du, wie viele Tage auf Erden vergehen, an denen die Engel uns vergessen und wir die Engel vergessen und nichts dem Herzen entspringt als Sorgen?

Um dies oder das zu erwerben, bin ich immer kuriosen inneren Antrieben gefolgt. Alle Dinge in diesem zu verkaufenden Haus sind die Frucht solchen Handelns. Ich würde sie dir so gerne zeigen, etwa wie du in den *Elegien* dem Engel die Dinge zeigst. – Daten faszinieren mich, sie machen mir Angst. Ich denke an den Sommer 1925: In ein paar Wochen wirst du fünfzig Jahre alt, in etwas mehr als einem Jahr bist du tot. Ich bin geboren, um solche Daten bei den Menschen, die ich liebe, nicht zu wissen, und ich tue nichts andres, als sie zu erfahren und mit diesem Wissen zu leben. Stimmt es, daß wir wie »stürzende Sterne« sind, und daß durch uns nichts hinzukommt, wo auch immer wir hinfallen? Glaubst du wirklich, daß im Universum, das wir bewohnen, schon seit je die Bilanz gezogen ist und daß wir an der »heiligen Zahl« nichts ändern, glaubst du das noch immer?

Ich habe mich auf den Küchenboden gelegt, mich in einen Mantel gewickelt, habe 48 Schlaftabletten genommen und den Gashahn aufgedreht. Es war ganz einfach und tat nicht weh. In diesem Augenblick war praktisch kein Gefühl mehr in mir. Ich spürte nur eine unbeschreibliche Besänftigung. Sag, war es das, was du frühmorgens an jenem 29. September 1926 empfandest, als der Schlaf sich tief in dich senkte, um dich nie mehr zu verlassen?

Es gibt ein Aquarell deiner Freundin Baladine, die du Merline nanntest, das dich darstellt: der Körper ruht, die Augen sind geschlossen, du bist wie von Äther umhüllt, wie in ein Fluidum getaucht, das in dich eindringt, sich in dir auflöst. Kein besonders gutes Bild, eine etwas zu gewollte Veranschaulichung des Einsseins mit der Welt, jenes Zustandes, den du bisweilen erreicht hast und den zu verlieren so schmerzlich für dich war. Ich meine die Augenblicke, wo du dem begegnetest, was du »Engel« nanntest, wo du mehr Seele als Körper wurdest und das Unsichtbare in dich eintrat. Augenblicke, in denen du nicht die armselige Scherbe einer Vase warst, die sich bloß noch daran erinnert, Erde zu sein, sondern selbst ganz und gar Erde warst.

Es gibt Momente im Leben – ich würde sie nicht einmal Ereignisse nennen, so zufällig und ungerufen sind sie –, wir verdanken sie dem »reinen Zufall«, wie du sagst, einem Regenguß, einem Windhauch, einem Murmeln im Blattwerk, einer glänzenden Sternschnuppe, so glänzend wie der Stern, den du in Toledo auf der Brücke von Alcantara erlebt hast. Es gibt solche Momente, die frei sind von jeder Zerrissenheit. Augenblicke, die wir trinken, atmen und wo das Ganze zum *Wir* wird, dem *Wir* im höchsten Sinne, wie du es verstanden hast. Mehr noch als Erziehung, Schule oder Universität prägen uns diese Momente, davon bin ich überzeugt. In meinem Leben wurde der Regen der erste derartige Moment. Da wo die Brüste wachsen sollten, hatten sich bereits zwei kaum wahrnehmbare Hügelchen gebildet, die mich ziemlich beschäftigten. Wir, ein paar unzertrennliche Freundinnen, hatten in der Moskwa gebadet und stiegen nun einen Hang hinauf. Auf der Böschung fielen schon die ersten Tropfen, aber als wir auf der Straße waren, wurde es die reine Sintflut. Alles um uns herum war Wasser, nichts als laues Wasser. Wir blieben stehen, um es unbeweglich und gelassen zu empfangen. Es ist an sich etwas so Unbedeutendes, und doch durchflutet es mich unglaublich weich auch in weniger klaren, weniger offensichtlichen Momenten, wenn ich nachts im Meer schwimme und der Mondbahn folge oder an gewissen Tagen bei der Liebe. Warum nur?

Unter der Einwirkung von Schlafmitteln und Gas bin ich – so schrecklich sich das anhört –, wieder ganz in diesen Regen eingetaucht. Das zu schreiben fällt mir schwer. Nur weil ich zu dir spreche, kann ich diese dürren und armseligen Worte vorbringen. Das Schlimmste war, daß ich nach Gas und Schlaftabletten wieder aufwachen mußte. Und die ersten Schritte nach meiner zweiten Geburt tat ich in deinem Paris. Ich denke nicht etwa an sie zurück, weil sie besonders beschwerlich gewesen wären. In Paris konnte ich eine Familie gründen. Aber ich muß dir gestehen, daß in der bitteren Herbststunde noch keine Familie in Sicht war, als ich nach Gas und Schlaftabletten vollkommen allein die ersten Schritte tat. Die Herbstluft füllte meine Lungen, und das Blut, das in meinen Adern pulsierte, half mir, die hundert Schritte auf der Rue de la Glacière zu machen und eine Zeitung zu kaufen, um zu sehen, was los war in der Welt. Im Unterschied zu dir kann ich Zeitungen nicht leiden, aber danach wollte ich wirklich eine. Sogar mehrere, eine Menge Papier, ganz viel von der ersatzweisen Aneignung dieser Welt, die uns bisweilen mit einer solchen Macht entgleitet und die ich gerade hatte auslöschen wollen, indem ich mich zu töten versuchte.

Etwas hatte sich in mir verändert. Meine Augen. Sie führten ein ganz neues, überraschendes Leben. Alles drang tiefer in mich ein, als ob mein Inneres sich, indem es ganz leer geworden war, erweitert hätte, als ob es zu jener Anemone geworden wäre, für die du so viel Mitgefühl hegtest, weil sie sich als einzige unter ihren Geschwistern so weit geöffnet hatte, daß sie sich bei Hereinbrechen der Dunkelheit nicht mehr zu schließen vermochte. Du hast diese Anemone in einem Garten in Rom gesehen.

Ich will mich nicht bei meinem Gang durch die Rue de la Glacière aufhalten. Sogar im *Malte* all die Straßennamen zu lesen, die zu deinem andern Selbst, dem jungen Malte, führten, die »ganz dickflüssig von Menschen« dir entgegenrannen, ertrag ich kaum. Ich weiß nur zu gut, von welchem »Schrecklichen« du sprichst, wenn du die Innereien des abgerissenen Hauses beschreibst, in dem die Tageszeiten, die Krankheiten, der Schweiß, die Ängste noch standen: »Der süße lange Geruch von vernachlässigten Säuglingen war da ... und das Schwüle aus den Betten mannbarer Knaben.« All das liest du in abgerissenen Tapetenfetzen, im Ansatz des Fußbodens oder der Decke, in den offenen Fenstern, die zu nichts mehr taugen. All das sind wir, wir sind das hinter den Fassaden.

In meiner narzißtischen Verblendung lag mir nichts näher, als die Stadt nur von ihrer festlichen Seite wahrzunehmen: die Straßencafés, die Verliebten auf den Bänken, die Austern, den Sancerre und die in den alten Mauern sanft zusammengehaltene Zeit. Meine Kindheit zog sich in die Länge, als wolle sie ewig dauern. Meine Kindheit, das kleine Korn, das auf dem Boden Rußlands gewachsen ist, in dem Land, das du gern zur Heimat gehabt hättest. Wie großzügig hat mich dieser Boden mit Liebe genährt, mit Geduld, damit ich so lange widerstehen konnte, so lange mich aufrecht halten und mein Selbst verteidigen konnte.

Dein Rußland hat sich ziemlich verändert. Es hat sich weit von dem entfernt, was du dir als Heimat gewünscht hast. Paris dagegen bleibt sich treu. Du würdest dich auch heute wieder zurechtfinden. Ich sage das ohne Bedauern. Denn es ist absurd, einer Sache nachzutrauern, die man mit sich trägt, dieser Sache, die man selbst ist. Und überdies habe ich Glück gehabt, zum Beispiel das Glück, einer russischen Generation anzugehören, die nicht mit Sibirien zu rechnen hatte. Ich mußte nicht wie Anna Achmatowa vor den Schaltern des Leningrader Gefängnisses »Die Kreuze« Schlange stehen, um ein paar spärliche Nachrichten von einem verschleppten Sohn zu erhalten. Mein Sohn wuchs neben mir auf, und in mir selbst wuchs das Wissen um jene im Herzen erstickten Tränen, die Anna Achmatowa für ihren Sohn hatte. Diese und viele andere Tränen, aber auch Honig.

Bald sind es zehn Jahre seit meiner zweiten Geburt. Mit einigen Menschen habe ich mich zu meinem Kummer überworfen, und wir haben wieder zusammengefunden. Ich sehe, wie mein Sohn zum Mann heranwächst. Ich habe viele Liebesnächte erlebt. Ich weiß nun besser, was »mitten im Fruchtfleisch der geschlossenen Umarmung« erwacht, – manchmal sehe ich es ganz genau. Gerade stelle ich fest, daß das Jahr 1975 dein hundertster Geburtstag ist. Du bist am 4. Dezember 1875 um Mitternacht geboren. Du bist zu früh auf die Welt gekommen, denn du warst nur sieben Monate im Schoße deiner Mutter. Mama erzählte mir, daß ich im Gegensatz zu dir ein paar Tage zu lange dringeblieben bin. Mein Sohn hat es genauso gemacht. Er wollte tatsächlich nicht heraus, und es bedurfte eines Kaiserschnitts.

Nun, nachdem die Türe zu dir geöffnet ist und ich die Flure deines Lebens begehen kann, verstehe ich immer besser, wie schicksalsträchtig diese Geburtsumstände sind und daß sie zu Gesetzen werden.

Wer weiß denn, ob wir nur eine Geburt haben? Wir

machen in unserm Leben mehrere durch. Genau genommen hören wir nie auf, uns selbst zur Welt zu bringen. In einem Brief zitierst du Worte, die mir immer zu schaffen machen: »Wenn alle Weisen dieser Welt und alle Heiligen im Paradies mich mit ihrem Trost und ihren Verheißungen überhäufen würden, und Gott selbst mich mit seinen Gaben auszeichnete, ohne mich dabei von Grund auf zu verändern, ohne mit etwas von Grund auf Neuem in mir zu beginnen, dann würden die Weisen, die Heiligen und Gott selbst, anstatt mir nur Gutes zu tun, meine Verzweiflung, meinen Zorn, meine Trauer, meinen Schmerz und meine Verblendung nur über alle Maßen steigern.«

Die Worte stammen von Angela de Foligno, einer spanischen Heiligen. Von der grundlegenden Erneuerung, die sie anspricht, von dieser zweiten Geburt, der Kehrseite meines versuchten und mißglückten Todes, werde ich später in deinem Namen sprechen, Rainer Maria Rilke, mein harter Geburtshelfer. Ich werde es tun, indem ich alles, was ich erzähle, von dir beglaubigen lasse, ein wenig, als ob ich versuchen würde, die Biographie eines Sterns achter Ordnung zu schreiben und dabei behauptete, mit allen Sonnen in Verbindung zu stehen. Was darauf hinweisen könnte, daß etwas ganz anderes beabsichtigt ist.

Was ist mit diesem Buch beabsichtigt? Bei allem, was ich bisher geschrieben habe, war es unmöglich, diese Frage aufzuwerfen. Ich schrieb, weil ich lebte, weil es sich ergeben hatte, daß mich von allen Arten menschlicher Tätigkeit gerade diese angezogen hatte. Der Akt des Schreibens war für mich so lebensnotwendig, gehörte ebenso zu meinem Körper, zu meiner Geschichte wie das Ein- und Ausatmen. Gerade jetzt komme ich darauf, wo dieses Buch zum größten Teil fertig ist, an einem Tag, einem Sonntag im September, wo ich all diese Seiten wiedergelesen habe, die das Gewebe, den Text ausmachen, den ich einen *Erfahrungsbericht,* einen *Versuch* nennen möchte. Es regnet. Mein Haus steht zum Verkauf. Nicht, daß ich darin irgendeine symbolische Bedeutung suchen würde, es ist einfach eine Tatsache, die man hinnehmen muß wie andere Verluste, andere Trennungen, andere Abwesenheiten oder andere Fristen.

Ich schreibe in einer angenommenen Sprache, in einem angenommenen Land, in einem Haus, das zum Verkauf steht. Ich beherrsche nicht einmal das Deutsche, die Sprache Rainer Maria Rilkes. Um mich von seiner Dichtung zu nähren, lebe ich wie auf einem Rangierbahnhof, indem ich die Worte ständig mit dem Russischen oder dem Französischen kreuze und ihre Alchimie in einer Reihe von Übersetzungsvarianten teste. Dabei wird mir bewußt, daß die Sprache der Poesie von allen Sprachen der Welt die einzige ist, die mich wirklich berührt. Wo ist der Ort dieser Sprache? Welches ist ihr Land? In welchen Ozean ist sie getaucht? Welche Kraft der Welt beeinflußt ihren Lauf?

Bis jetzt hatte ich beim Schreiben meiner Bücher immer das Gefühl, das sei mein gutes Recht, mein »unvergleichlich gutes Recht«, wie Anna Achmatowa sagen würde. Mit diesen Seiten begebe ich mich auf höchst unsicheres Terrain, in den Treibsand der Visionen, Gewißheiten und Schmerzen eines Mannes, der zwischen 1875 und 1926 gelebt hat. Es geht um einen Menschen, der mir so vertraut und lieb geworden ist, der mir aber nicht mehr antworten kann, mir nicht Einhalt gebieten kann, wenn ich mich verirre, und dem gegenüber ich eine Verantwortung habe. Die Verantwortung, die aus der Dankbarkeit erwächst, und nichts ist schwieriger auszudrücken.

Haselkätzchen

»Ich«, die erste Person, spielt im Werk Rainer Maria Rilkes keine Rolle. Die unterschwellige Kraft seines Wortes strebte dem Namenlosen zu, um in jenem Urtext der Seele, den *Elegien,* Gestalt anzunehmen.

In der Mitte seines Lebens schreibt er in ein Heft: »Eigentlich war er längst frei, und wenn ihn etwas am Sterben hinderte, so war's vielleicht nur der Umstand, daß er es schon einmal irgendwo übersehen hatte, so daß er nicht wie die andern, darauf zu weiter mußte, sondern dazu zurück.« Den Sinn dieses Satzes zu erfassen ist ebenso schwierig wie bestimmte Berechnungen der relativistischen Quantenfeldtheorie zu verstehen, die von der Umkehrbarkeit der Zeit ausgehen und die mathematische Bedingungen plausibel machen, unter denen wir uns die Zeit rückwärts fließend vorstellen können.

Weder halluzinierte Rilke, noch war er ein Seher. Er war nur ein Mensch auf den verzweigten Pfaden des Menschlichen, die Gestalt des Dichters par excellence. Das Leben kam zu ihm wie eine weite und unendliche Erfahrung. Liebe, Schmerz, Freude, Tod waren für ihn alltägliche Wirklichkeit, die er ernst und geduldig empfing.

Gerade darin, daß er sich eine gewisse Disziplin gegenüber dem Leben angeeignet hatte, teilte er etwas mit all jenen Gelehrten, die zur Ausarbeitung der Quantenphysik beigetragen haben. Ich halte die Analogie insofern für zulässig, als die Realitäten, mit denen die Forscher in der Mikrophysik zu tun haben, all unsere gängigen Vorstellungen von Raum und Zeit, Materie und Geist einschließlich der Kategorie der Erfahrung selbst zutiefst erschüttern.

Es gibt zwei Texte von Rilke mit dem Titel *Erlebnis I* und *Erlebnis II*. Der erste stammt aus dem Winter des Jahres 1912, ein Winter, den er in fast vollständiger Einsamkeit auf Duino verbrachte, dem Besitz seiner großen Freundin Marie von Thurn und Taxis. Schloß Duino liegt auf dem äußersten Punkt einer Landzunge im adriatischen Meer. Auf der einen Seite ist es von Meer umgeben, auf der anderen von ausgedehnten Korkeichenwäldern begrenzt. Heute kann man es an klaren Tagen von der Stadt Triest aus sehen. Der Park war vor dem Ersten Weltkrieg, als Rilke sich dort aufhielt, ganz seinem Wildwuchs überlassen. Er lag auf einem steil zum Meer abfallenden Hang. Eichen, Lorbeer, silbrig glänzende Olivenbäume, große dunkle Zypressen und Feigenbäume wuchsen durcheinander, und an ihrem Fuß gab es seltsame Blumen: eine schwarze Iris, die plötzlich und als einzige ihrer Art dort aufgetaucht war, oder eine verrückte grüne Rose.

Duino wäre ein Schloß wie jedes andere, mit seiner Geschichte, seinen wechselnden Besitzern und den mehr oder weniger kuriosen Lebensgeschichten, wenn Rilke nicht dorthin gekommen wäre und es zur Legende gemacht hätte.

Hier an dem steilen Hang hörte er Stimmen, aus denen die ersten Fragmente der *Elegien* wurden. Und hier widerfuhr ihm auch, was er in *Erlebnis I* erzählt.

Eines Tages schlenderte er mit einem Buch in der Hand geistesabwesend und seinen Träumen nachhängend, wie es seine Art war, umher und fand sich schließlich vor einem sehr alten Olivenbaum, den er noch nicht kannte. Er stand auf den knorrigen Wurzeln, den Rücken gegen den Stamm gelehnt, den Kopf in eine Astgabel gestützt. »Nach und nach erwachte seine Aufmerksamkeit über einem nie gekannten Gefühl: es war, als ob aus dem Innern des Baumes fast unmerkliche Schwingungen in ihn übergingen ...« Die Wirkung des Windes? Er ließ von dem Gedanken ab, so sehr war er mit dem ganz und gar neuen, köstlichen Zustand beschäftigt. »Sein Körper wurde gewissermaßen wie eine Seele behandelt und in den Stand gesetzt, einen Grad von Einfluß aufzunehmen, der bei der sonstigen Deutlichkeit leiblicher Verhältnisse eigentlich gar nicht hätte empfunden werden können.« Er empfing diesen Zustand wie eine »feine und ausgebreitete Mitteilung«, und diese Empfindung war so einzigartig, daß keine Beziehung auf etwas bereits Empfundenes, kein Genuß der Vergangenheit ihm den Schlüssel dazu hätte liefern können. Dieses drängende Gefühl kehrte wieder mit einem merkwürdig regelmäßigen und innigen Pulsieren. Dennoch war sein Blick frei, um einem Vogel, einem auf dem Weg sich abzeichnenden Schatten zu folgen. Aber es geschah wie von ferne, als käme es von früher her und als nähme er es nicht mit seinem Körper wahr, sondern wie ein Revenant. Es geschah nicht wirklich in seinem Körper, sondern in einem geborgten Körper und mitten in dieser einst so unentbehrlichen Welt. Den Vogel, den Schatten, den Weg und seinen eigenen Körper nahm er wie aus einem »geistigeren Abstand« wahr, sozusagen aus geringerer Entfernung, reiner. Die Dinge hatten ihm nichts mehr zu verbergen. Eine Distanz war durchschritten, »als sei er auf die andere Seite der Natur geraten«, in ein anderes Dasein, und alles, was er jemals hier geliebt, jemals erlebt und gelitten hatte, kam zu ihm zurück, umgab ihn und drängte sich an ihn, wollte ihm von neuem gehören, wieder in ihm leben, leiden und lieben. Es war, als ob sein Blick nicht mehr nach vorn gerichtet wäre, sondern über die Schulter nach rückwärts gewandt.

»Auf einmal fing seine Stellung an, ihm beschwerlich zu sein, er fühlte den Stamm, die Müdigkeit des Buches in seiner Hand, und trat heraus. Ein deutlicher Wind ... kam vom Meer.«

Erlebnis II spricht von der Erinnerung an gewisse Momente, die jene Erfahrung mit dem Baum schon im Keim enthielten. Diesmal war es ein Vogelruf in einem Garten auf Capri, den er wie in »einer einzigen Stelle reinsten, tiefsten Bewußtseins« wahrnahm, etwas, das Außen und Innen zur Übereinstimmung brachte. Der Schrei brach sich nicht an der Grenze seines Körpers, er war plötzlich da und versöhnte die beiden Richtungen in einem ununterbrochenen, geheimnisvoll geschützten Raum. Um in der Empfindung nicht gestört zu werden, um die Konturen seines Leibes gleichsam auszuklammern, schloß er die Augen, »und es ging das Unendliche von allen Seiten so vertraulich in ihn über, daß er glauben durfte, das leichte Aufruhn der inzwischen aufgetretenen Sterne in seiner Brust zu fühlen«. Der Weltraum bekam für ihn ein Gesicht, und alles, was er empfand, ging so vollkommen »in der klaren Lösung seines Herzens« auf, daß er den »Geschmack der Schöpfung« in seinem ganzen Wesen spürte.

Reminiszenzen aus frühester Kindheit stiegen in ihm auf. Er erinnerte sich der Leidenschaft, die ihn ergriff, wenn er sich dem Sturm aussetzen mußte oder wenn er, auf einem Schiff stehend, sich durch »dichte Fernen hinreißen ließ, die sich fester hinter ihm schlossen«. Solche Empfindungen berührten sein Herz wie eine Gnade. Er sah darin so etwas wie ein Zeichen, zu solchen Korrespondenzen bestimmt zu sein, eine Anlage seines Wesens, welche eine Trennwand zwischen ihn und die übrigen Menschen schob, keine Mauer, vielmehr einen »reinen, fast scheinenden Zwischenraum«. Alles, was die Menschen gewöhnlich vernachlässigen oder nur zerstreut beachten, fand bei ihm Eingang, wurde gegenwärtig und erlangte eine eigene Dynamik. Er fühlte auch, daß ihn diese Anlage gegenüber den anderen, den »in Tod und Leben Gebundenen«, gewissermaßen gleichgültig und »naiv« machte, oder was die Menschen so nennen, aber zugleich wußte er, daß gerade dies ihm erlaubte, sich den Menschen zuzuwenden, sich ihnen zu verbinden und das zu benennen, was sie gewöhnlich nicht sehen.

Bei den beiden Texten, die Rilke mit *Erlebnis* überschreibt, kommt es nicht darauf an zu verstehen, sondern zu sehen. Der übermäßige Gebrauch intellektueller Anleitungen und Analysen, wie wir das seit der Schulzeit nennen, würde die Magie der Rilkeschen Intuitionen zerstören. Genau genommen hatte Rilke keine Ideen, sondern eine Vielzahl von Visionen und Eingebungen.

So viele Zeitgenossen, Männer und Frauen, bezeugen die außergewöhnliche Aura, die von Rilkes Person ausgegangen sein muß. Sie erwähnen auch die außerordentliche Macht, die er über andere hatte. Mir ist vor allem gegenwärtig, was Lou Andreas-Salomé – die »Versteherin«, das »Lebensgenie«, wie sie die Männer nannten (ich denke vor allem an Freud und Nietzsche) – am Ende ihres Lebens in ihren *Aufzeichnungen* über Rilke schrieb: sie habe an ihm vor allem seine besondere Art geliebt, ein Mann zu sein.

So weit meine Erinnerung zurückreicht, habe ich die Männer geliebt. Nie waren sie für mich ein Mittel, dies oder das, was mir fehlte, zu erlangen. Ich versuchte vielmehr, ihren Sinn zu begreifen, ihren Raum zu erfassen.

Die Vermutung, daß den Männern irgend etwas fehlt, was wir Frauen haben, geht auf die Erfahrung mit meinen Brüdern, meinem Vater und meinen beiden Onkeln zurück, die sich Vania nannten. Sie waren beide Eisenbahner. Der eine fuhr Lokomotiven, der andere reparierte sie. Beide sind mit fünfzig Jahren an Lungenkrebs gestorben. Nach dem Krieg verbrachte ich oft die Ferien bei ihnen. Um vom einen zum andern zu kommen, mußte man nur ein Stück Garten durchqueren. Onkel Vania, der Lokomotivführer, war der jüngere Bruder meiner Mutter. Er hatte schmale Gelenke und eine weiße Haut. Es war, als ob der Umgang mit Kohle, einer per definitionem schmutzigen Materie, ihm verstärkt das Bedürfnis vermittelte, sich zu reinigen, sobald er zu Hause war. Wenn er vom Dienst nach Hause kam, wusch er sich zuerst langsam und gründlich. Er tauchte seine Füße in ein Becken mit warmem Seifenwasser und bürstete seine Fußnägel; er hatte übrigens, daran erinnere ich mich genau, selten schöne Füße. Ich fand solche später bei einer Apollostatue im Puschkin-Museum wieder, wo ich gleichzeitig ein Bild aus Picassos blauer Periode entdeckte.

Diese rituellen Waschungen meines Onkels Vania fanden in einem Hof vor dem Haus statt. Ich saß dabei auf einer kleinen Bank. Es gibt ein paar Photographien von mir aus jener Zeit, die verloren sind, da mein erstes Haus jetzt aufgelöst ist und die Dinge in alle Winde zerstreut sind. Geblieben aber ist mir ein inneres Bild jener Sommerabende, an denen ich meinen Onkeln zusah, wie sie lebten, jene Zeit, als meine Liebe zu den Männern sich festigte. Ich glaube, das Bedürfnis berührt zu werden, war bei mir viel stärker, als das zu berühren und mein Wesen einem anderen mitzuteilen. Wie eine Art Rückzug aus meiner Person, um gleichsam freischwebend sehen zu können, was nicht ich selbst bin. In viel größerem Maße als die Frauen waren die Männer um mich herum das Andere, das Nicht-Ich. Die Männer ... Wieviel Zeit habe ich damit zugebracht – und tue es noch –, sie zu beobachten! Auf die Frage: »Was arbeiten Sie?« könnte ich mit einer gewissen Berechtigung sagen: »Ich beobachte die Männer.«

Was für eine ausgefallene Aufgabe, ein nicht zu definierendes Metier, unmöglich, das auf einem Ausweis anzugeben. Ich habe sehr viel Zeit darauf verwandt, ihre Hände, ihre Füße, ihre Augen, ihr Haar zu betrachten. Als kleines Mädchen schaute ich ständig, woraus die Männer gemacht sind, und zum gegebenen Zeitpunkt kam ihr Geschlecht noch zu diesem Schauspiel hinzu. Dieses Schauspiel ging mit der Aufgabe einher, den Anderen, seinen Raum zu erkennen und anzuerkennen. Heute bedeutet Liebe für mich: den Raum des Anderen anzuerkennen. Wir wissen kaum, woher die Gabe dazu kommt, wir verfügen über kein Instrument, das uns diesen Raum benennen oder ermessen ließe. Immer nur Stückwerk, das wir zustandebringen. Rilke hat das ausgesprochen und diese Erfahrung auf geniale Weise verarbeitet.

Sicher, das Wort »lieben« verwendet Rilke nicht im alltäglichen Sinn, wie wir sagen: »Ich liebe dieses Kind, diesen Hund oder ich liebe Vergißmeinnicht.« Wenn wir uns bemühen, Rilkes Begriff so nahe wie möglich zu kommen, dann löst sich das Wort aus seiner einseitigen, schwärmerischen Bedeutung, die ihm das jüdisch-christliche Bewußtsein verliehen hat und berücksichtigt die gesamte im Universum verbreitete Energie, eine grenzenlose Ausdehnung seiner Kräfte. Es entspräche bei Rilke etwa einer Anspannung in uns, einem Antrieb oder einer Anziehungskraft, der Flugbahn eines abgesandten Pfeiles. Ja, dem im Absprung gesammelten Pfeil.

Wie ist der *Raum,* in dem diese verschiedenen Kräfte

wirksam sind, beschaffen? Was meint Rilke mit dem *Weltinnenraum*? Was bedeutet dieses Schlüsselwort unter allen Rilkeschen Visionen? In ihm vereinigen sich zwei Begriffe, der »Innenraum« und der »Weltraum«. *Weltinnenraum* bezeichnet bei Rilke eine Wirklichkeit höchsten Grades, es ist der Ort, wo alle Lebensäußerungen auseinandertreten und gleichzeitig zusammenlaufen. Er bedeutet Gleichzeitigkeit der Anwesenheit, ein Raum in uns, wo wir mit der Welt eins sind, und zugleich eine Art Zufluchtsort in uns für die Toten und die Zukünftigen. Ein Raum, der bis zu den Sternen reicht und sie umgreift. Im Weltinnenraum ist alles zu einem einzigen grenzenlosen Raum geworden: »Die Vögel fliegen still durch uns hindurch. Oh, der ich wachsen will, ich seh hinaus und immer wächst der Baum.«

Am besten läßt sich der *Weltinnenraum* durch ein Bild veranschaulichen, das Rilke in einem seiner Briefe zur Darstellung unseres Bewußtseins verwendet. Er beschreibt es als die Spitze einer Pyramide, »deren Basis in uns (und gewissermaßen unter uns) so völlig in die Breite geht, daß wir, je weiter wir in sie niederzulassen uns befähigt sehen, desto allgemeiner einbezogen erscheinen in die von Zeit und Raum unabhängigen Gegebenheiten des irdischen, des, im weitesten Begriffe, weltischen Daseins«.

Sein ganzes Leben hindurch beschäftigte Rilke sich mit diesem erahnten Raum, paßte sich ihm an, versuchte sich in ihm einzurichten, rührte an die tiefsten Schichten dieser Pyramide, erforschte in ihr das Sein, ein »unverbrüchliches Vorhanden-Sein und Zugleich-Sein«, an das wir normalerweise, weil auf die oberste Spitze beschränkt, nicht heranreichen. Das war seine alltägliche geistige Beschäftigung, der ihm eigene Empirismus. Seit dem *Malte* verspürte er das Bedürfnis, eine Gestalt zum Leben zu erwecken, die Vergangenes und Zukünftiges als »Gegenwärtigkeit letzten Grades« zu erfahren fähig wäre.

Den Blick in die unendlich tiefen Schichten dieser Pyramide zu senken, bedeutet für Rilke eine Öffnung, oder dieser Akt selber stellt sich als die Suche nach dem »Offnen«, als dessen Bewahrung dar. Was wir »Tod« und »Leben« nennen, was in unserem gewöhnlichen Bewußtsein, im Alltagsleben, in unseren Befürchtungen und Ängsten instinktiv, fast abergläubisch getrennt, ja entgegengesetzt bleibt, erweist sich bei Rilke als zusammengehörig und als Einheit.

Wir können nur dann zum tiefsten Bewußtsein unseres Daseins gelangen, wenn wir in den beiden grenzenlosen Bereichen zu Hause sind – dem des Lebens und dem des Todes –, denn beide sind unablässig aufeinander angewiesen und ziehen sich gleichsam magnetisch an. Hier erst kommt die wahre Gestalt des Lebens zur Entfaltung.

Nach Rilkes Auffassung geht die Menschheit nicht in der Geschichte auf. Diese beherrscht nur vordergründig die Szenerie. Mit Daten und Zeiteinteilungen tun wir nichts anderes, als die Ereignisse zu ordnen und aufzulisten. Sie markieren nur den Verlauf des Zeitstroms, sind Proben, die zwar etwas über sein Wasser aussagen, aber weder über den Strom selbst noch über sein Bett Auskunft geben. Der historische Aspekt der Dinge ist lediglich eine Art Abdruck, auf dem sich die unsichtbare, wahrhaft universelle Struktur unsres Daseins verliert.

In Rilkes *Weltinnenraum*, im Offenen, ist die Zeit aufgehoben und versinkt in der grundlosen Tiefe des Seins. Und was uns anbetrifft, Wesen des Hier und Jetzt, wir können nicht ungeteilt der Zeitlichkeit angehören. Ein jeder von uns ist, wenn auch in unterschiedlichem Ausmaß, von den Früheren, die vor uns da waren, und den Späteren, die nach uns kommen, von all dem, was die unsichtbare Welt, die unsichtbare Struktur unseres Daseins ausmacht, angezogen, berührt und durchdrungen. Wenn wir Rilke glauben wollen, streben alle Formen des Hier und Jetzt in ihrer zeitlichen Begrenztheit danach, in jenen »überlegenen Bedeutungen« aufzugehen, an denen wir, »diese Hiesigen und Heutigen« teilhaben. Die Erde, auf der wir leben, leiden, lieben, dieses sichtbare und fühlbare Etwas, hat nur ein Ziel: unsichtbar zu werden. Nur in uns, den Menschen, kann sich diese innere Umwandlung des Sichtbaren ins Unsichtbare vollziehen, in eine Wirklichkeit, die des Blicks oder der Berührung nicht mehr bedarf, »wie unser eigenes Schicksal in uns fortwährend zugleich vorhandener und unsichtbar wird«.

Doch was ist das für eine ungewöhnliche Ökonomie? Um welchen Handel, welch unaussprechliches Geschäft dreht es sich hier? Ich würde ganz einfach sagen, das sind die *Elegien*, so wirken die *Elegien*. Heidegger hat über Hölderins Elegie *Heimkunft* gesagt, das sei kein Gedicht über die Heimkunft, es sei die Heimkunft selbst. In demselben Sinne ließe sich über die *Duineser Elegien* sagen: dies ist kein Gedicht über das Dasein, es ist das Dasein selbst.

Bei jedem großen Dichter hat das Schreiben einen ontologischen Stellenwert. Im Schreiben fließen Aussage und Sprache zusammen, vereinigen sich Eindruck und Ausdruck. So weit, so gut, doch mich interessiert an den *Elegien* nicht so sehr diese Beziehung von Sinn und Schreiben, als vielmehr die »Norm des Daseins«, die sie einführen, ihre Gestalten, Bewegungen, Verwandlungen, Gesichter.

Die zentrale Gestalt der Rilkeschen Ökonomie, gleichsam der Garant für den unablässigen Übergang des Sichtbaren ins Unsichtbare, sind die Engel. Sie haben mit christlichen Vorstellungen nichts zu tun. Sie sind weder Verkünder noch Mittler. Rilkes eigenen Angaben zufolge sind sie die Wesen, bei denen die Verwandlung des Sichtbaren ins Unsichtbare bereits vollzogen ist. Obwohl sie an beiden Sphären, Leben und Tod, teilhaben, existieren sie nicht abgesondert von uns. »Engel (sagt man) wüßten oft nicht, ob sie unter Lebenden gehn oder Toten.« Obwohl sie unter uns sind, auf Erden, und unter denen, die nicht mehr im Irdischen weilen, sind uns die Engel Rilkes nicht so vertraut wie der Engel des Tobias, der Weggenosse, Führer und Tröster. In den *Elegien* ist der Engel anwesend, bleibt aber stumm. Mehr noch: Er erfüllt uns mit Schrecken. Denn er ist von anderer Natur als wir, er ist höchste Vollendung und Schönheit, er ist die »Krone der Schöpfung«. Wir würden vergehen, wenn wir uns ihm näherten. An der Schwelle zu ihm können wir uns gerade noch aufhalten. Rufen, Schreien würde uns nicht helfen, weder die Engel noch die Menschen kämen uns zu Hilfe. So befinden die ersten Zeilen der *Elegien*.

Für uns, die wir in der Zeit leben und deren Zeit bemessen ist, stellt der Tod gleichsam »die uns abgekehrte, von uns unbeschienene Seite des Lebens« dar.

Seltsam, tot zu sein, wie Rilke mit ergreifender Unschuld sagt, »seltsam, die Wünsche nicht weiterzuwünschen ... Und das Totsein ist mühsam und voller Nachholn, daß man allmählich ein wenig Ewigkeit spürt.« Seltsam und mühselig, sich ins Offene vorzuwagen, in den Raum, in dem die Engel zu Hause sind. Um so seltsamer und mühseliger, als die Menschen ständig den Irrtum begehen, zu scharf zu unterscheiden zwischen dem Sein des Lebens und dem des Todes. Für Rilke gibt es ein ständiges Hin und Her, eine ständige Bewegung des Austauschs zwischen diesen beiden Aspekten des Seins. »Die ewige Strömung reißt durch beide Bereiche alle Alter immer mit sich ...« und löst sie in einer höheren Harmonie auf. Vor allem aber: Dieser Raum bewahrt eine Erinnerung an uns. Auch die Engel selber enthalten ein wenig von unserm Wesen, denn an dem Sein, dem die Engel zugehören, hat auch die Erde teil; sie aber haben das Werk vollendet, mit dem wir Lebenden befaßt sind. Für sie, die Engel, gibt es nur eine Wirklichkeit, nur einen Raum, den »reinen Raum« Rilkes, in dem »die Blumen unendlich aufgehn«. Damit ist nicht das Nichts gemeint, eher ist es wie ein »Nirgends ohne Nicht«, oder wie es in seiner schwerelosen Art heißt: »Das Reine, Unüberwachte, das man ahnet und unendlich *weiß* und nicht begehrt.«

Die Engel erscheinen Rilke wie »Höhenzüge, morgenrötliche Grate aller Erschaffung, – Pollen der blühenden Gottheit, Gelenke des Lichts ... Tumulte stürmisch entzückten Gefühls und plötzlich, einzeln, *Spiegel:* die die entströmte eigene Schönheit wiederschöpfen zurück in das eigene Antlitz«. Ihr Wesen verflüchtigt sich nicht wie das unsere, in endlosem Spiel empfangen sie es wieder. Geschöpfe wie wir, sind sie doch die »Verwöhnten der Schöpfung«: denn nichts entgeht ihnen, obgleich ihnen nicht mehr offenbart wird als uns. Nur ist in ihnen das Werk der Verwandlung schon vollendet. Zwischen den Engeln und uns stehn die Toten, dem Unsichtbaren näher, aber noch weit davon entfernt, in sich das gesamte Bild der Schöpfung festzuhalten.

Die Toten kommen noch lange zu uns, suchen unsere Träume heim, stören unsere Kreise, flehen uns an, als ob sie sich nur unter größten Schwierigkeiten an ihren neuen Zustand gewöhnen könnten, als ob sie uns noch bräuchten. Einen solchen Besuch beschreibt Rilke im *Requiem für eine Freundin,* Paula Modersohn-Becker, die mit 36 Jahren im Kindbett gestorben war. Eines Nachts kehrt sie zurück und geht in seinem Zimmer um. Zuerst erschrickt er, dann aber fordert er sie ruhig auf näherzukommen, damit er sie im Schein der Kerze anschauen kann. Komm her, sagt er, und betrachte die Rose auf meinem Tisch. Im Grunde gehört sie nicht hierher und hätte leben und sterben sollen, ohne sich mit uns einzulassen. Was bedeutet ihr schon unser Bewußtsein? Wir Lebenden müssen begreifen, immer begreifen, selbst wenn wir daran sterben. Begreifen, ordnen und uns ängstigen. Aber es ist Paula, die Tote, die Angst hat und bittend zu ihm kommt. Es fährt ihm ins Gebein, beengt ihm die Brust und dringt zutiefst in sein Herz. Was sucht sie? Was kann sie vergessen haben? Was für ein Magnet zieht sie in dieses Zimmer und macht, daß sie von ihrer Ewigkeit ein Stück verliert? Jetzt begreift er: er hält ihr Schicksal in der Hand; »ganz wie ein Blinder rings ein Ding begreift«, fühlt er ihr Los und kann es nicht benennen. Das ist die Aufgabe, sie zu benennen, das Schicksal und das Unglück, die unser sind. So enthüllen sich für Rilke im *Requiem* seine Aufgabe als Dichter und sein Lebensziel.

Wenn sich aus den Rilkeschen Intuitionen Abstufungen der menschlichen Vollendung ablesen lassen, dann könnte man versucht sein, darin den Reifegrad des Todes zu sehen, eines sorgfältig gearbeiteten, eines tief eingemeißelten Todes, eines eigenen Todes, der uns braucht, denn wir leben ihn, und nirgends sind wir ihm näher als hier. Diese heimliche, geduldige Vorbereitung auf das Totsein ist nur die andere Seite des gelebten Seins, dessen, was wir gewöhnlich »sein Leben leben« nennen.

»Weh mir, wir *sinds* doch«, ruft Rilke in der zweiten *Elegie,* der Elegie der Engel, aus. Was heißt für uns sein? Auch der Engel ist. Die Dichte seines Seins, seine Fülle ist schrecklich für uns, »denn wir, wo wir fühlen, verflüchtigen« ... »Wie Tau von dem Frühgras, hebt sich das Unsre von uns, wie die Hitze von einem heißen Gericht. O Lächeln, wohin? O Aufschaun: neue, warme, entgehende

Welle des Herzens ...« Denn für uns gilt: »Bleiben ist nirgends.«

Das Flüchtige unsrer Natur, das Rilke auf andrer Ebene in seinem Gedichtzyklus über den mythischen Narziß behandelte, wird in den *Elegien* wieder aufgegriffen, sozusagen als Kontrapunkt zum Wesen der Engel, die alles ihnen Entströmte wiederschöpfen in »Tumulten stürmisch entzückten Gefühls«, ein wenig wie Narziß, der noch glücklich ist, weil er unschuldig ist. Er weiß noch nicht, daß sein Spiegelbild im Wasser nicht mehr er selbst, sondern schon die Welt ist, teilnahmslos und von ihm getrennt. Greifbar nahe liegt sie da, aber schon außerhalb von ihm und von anderer Natur als er. Ein anderes Mal verkörpert der noch ganz von sich erfüllte Narziß die Kindheit. Ist sie glaubwürdig, diese glückliche, vielversprechende Kindheit, »wo lichtgrün sein Herz stand«? Es gibt sie, weil es die Mutter gibt: »Mutter, *du* machtest ihn klein, du warsts, die ihn anfing.« Dank ihrer erschien die Welt als eine freundliche, denn immer lag es in ihrer Macht, dem Unheimlichen den Eintritt zu wehren. Die Welt mit ihrem wallenden Chaos, ihren Nächten und Schrecknissen ist allgegenwärtig. Aber das Mutterherz *ist* voll Zuflucht, und mit einem freundlichen Lichtschein vertreibt sie die Dunkelheit. »Nirgends ein Knistern, das du nicht lächelnd erklärtest, so als wüßtest du längst, *wann* sich die Diele benimmt ...« In ihrer Gegenwart versteckt sich das Schicksal hinter dem Schrank und die Zukunft in den Falten des Vorhangs. So vermag das Kind einen Augenblick lang die Süße der Welt zu kosten – in der Gestalt der Mutter gelöst.

Schicksal ist für Rilke nicht mehr als »die Dichte der Kindheit«. Solange wir klein sind, sind wir voller Schicksal. Wo lebt es, wovon nährt es sich? »Aber *innen*: wer wehrte, hinderte innen in ihm die Fluten der Herkunft?« Der neue, ängstliche Mensch ist schon verstrickt »mit des

Innern Geschehens weiterschlagenden Ranken«, die ihn verfolgen und zu schrecklichen Formen sich ausbilden. Das Kind liebt das.

Es »liebte sein Inneres, seines Inneren Wildnis, diesen Urwald in ihm ... Verließ es, ging die eigenen Wurzeln hinaus in gewaltigen Ursprung, wo seine kleine Geburt schon überlebt war. Liebend stieg er hinab in das ältere Blut, in die Schluchten, wo das Furchtbare lag, noch satt von den Vätern.« Wie konnte er anders als es lieben? Denn es lächelte ihm vor seiner Mutter. Er liebte es vor seiner Mutter, denn als sie ihn trug, »war es im Wasser gelöst, das den Keimenden leicht macht«.

Hier sind wir im Zentrum von Rilkes Liebesvision. Ihr Ausdruck berührt uns fremder als der eines Kierkegaard, eines Schopenhauer oder Nietzsche. Weit und breit ist kein Begriff zu finden, der der denkenden Maschine Nahrung geben könnte. »Uns steigt, wo wir lieben, unvordenklicher Saft in die Arme.« So verstanden, ist die Liebe an niemanden gerichtet. Sie läßt sich nicht auf die ursprüngliche Konstellation unseres Zur-Welt-Kommens reduzieren. Papa – Mama, Bruder – Schwester sind überholt. Die *Elegien* lehren uns, »daß wir liebten *in* uns, nicht Eins, ein Künftiges, sondern das zahllos Brauende«. Was tief in uns ruht, sind die Väter, die gleich »Trümmer Gebirgs« in uns sind, »und das trockene Flußbett einstiger Mütter«, kurz, alles was uns voraufging.

Wenn du das »Entsetzliche« preist, Rainer Maria Rilke, was im Kind schon ganz Gegenwart ist, wenn du »lieben« in bezug auf den Urwald der Ahnen, die in uns raunen, verwendest, wenn du vom Tod sprichst, den das Kind schon vor allem Leben in sich trägt, dann folge ich dir ganz und gar. Über die Kindheit, dies Einzigartige, dem wir uns so zärtlich zuwenden, dieses kleine Stück unsres Daseins, das sich am ehesten zur Idealisierung eignet, über diese Kindheit sagst du am Ende der Vierten Elegie zusammenfassend: ». . . Mörder sind leicht einzusehen. Aber dies: den Tod, den ganzen Tod, noch *vor* dem Leben so sanft zu enthalten und nicht bös zu sein, ist unbeschreiblich.«

Wenn dem so ist, Rainer, wenn selbst in unsrer Kindheit der Tod nicht ausgespart bleibt, dann mag es sein, daß er mit den Liebenden milder verfährt, mit »euch, ihr ineinander Genügten . . . die ihr unter den Händen euch reichlicher werdet wie Traubenjahre«. Ihr Entzücken ist höchstes Glück, »weil die Liebkosung verhält, weil die Stelle nicht schwindet, die ihr, Zärtliche, zudeckt; weil ihr darunter das reine Dauern verspürt. So versprecht ihr euch Ewigkeit fast von der Umarmung.« Aber wenn sie die ersten Schritte in den Garten tun, die ersten Seufzer am Fenster, sind sie's dann noch? Über ihre Küsse sagst du: »Wenn ihr einer dem andern euch an den Mund hebt und ansetzt –: Getränk an Getränk: o wie entgeht dann der Trinkende seltsam der Handlung.«

Wir versprechen uns in der Liebe weite Fernen und so etwas wie ein Heim, aber was tun wir andres, als beständig im andern den inneren Abgrund zu entdecken? Und doch sind es die Liebenden, die dem Offenen am nächsten sind. Am nächsten, das heißt, wir bleiben auf der Schwelle, in der Vorahnung der »reinen Dauer«, jenem Ort, wo wie im Raum der Engel nichts verlorengeht. Sie wären so nahe daran, die Liebenden, wenn nur nicht einer dem anderen den Blick verstellte. Jenseits des anderen eröffnet sich etwas, wie aus Unachtsamkeit, aber da wir letztlich gleiche sind, gehn wir nie über den anderen hinaus, und das Trugbild des Offenen verschwindet und wir stehn wieder der Welt gegenüber. »Dieses heißt Schicksal: gegenüber sein und nichts als das und immer gegenüber.« Gegenüber dem Anderen in seiner unendlich beweglichen Gestalt, einschließlich der unseres Körpers.

Was ist das Unglück, das mit unserem Dasein gegeben ist? Es ist das Bewußtsein, welches im Innersten Zerrissenheit ist. Das Tier sieht das Offene, es ist frei vom Tod, weil frei von Bewußtsein.

Die *Achte Elegie* ist der Kreatur gewidmet und bezeichnet unseren ontologischen Status als »unreinen Widerspruch«: aus einem Schoß hervorgegangen, den wir verlassen, denn unser Sein ist Werden.

Das Motiv taucht hier nicht zum ersten Mal auf. Mit 25 Jahren verzeichnet Rilke in seinem Tagebuch gewisse »Tage unter der Erde, Tage in Feuchtigkeit und Fäulnis ... Ich fürchte, solche Tage gehören nicht dem Tode, wie sie auch dem Leben nicht zugehören.« Wenn es über dem Leben und dem Tod einen Gott gibt, dann gehören diese Tage einem Zwischenland an, welches für ihn der Ort des unentwirrbaren Widerspruchs von Sein und Werden ist, das Land eines »Zwischengottes«, dieses seltsamen Fremden. Ein Land, das trotz seiner Kraft und seiner Gegenwart weder Raum noch Zeit kennt. »Solche Hoffnungslosigkeiten, Atemnöte der Seele«, das will der Zwischengott, und das Land heißt bei Rilke »das Leid«.

Die Erfahrung des Malte Laurids Brigge schreibt sich fast ausschließlich in dieses Zwischenland ein. Für Malte ist das Leben noch nicht möglich, sein Werk ist noch nicht geschaffen, muß noch geschaffen werden. Malte ist nicht der Rilke der *Elegien*. Malte ist sein Zwischenland.

Nicht daß ich in den *Elegien* nach einer Logik suchen wollte – denn ich bin mir nur zu bewußt, daß sie sich, wie das Leben selbst, nicht begrifflich fassen lassen –, doch sehe ich in ihnen etwas, was gewissen harmonischen Gesetzen gemäß komponiert ist und verläuft.

Rilke hatte ein recht zwiespältiges Verhältnis zur Musik

– gemischt aus Neid, Argwohn und Bewunderung. Doch zu meinem Vergnügen bemerke ich, wenn ich z. B. seine etwas zweideutige Huldigung an Beethoven lese – ». . . so kommt mir Beethoven wie der Herr der Heerscharen vor, der Macht hat über die Mächte und der die Gefahren aufreißt, um die Brückenbogen strahlender Rettung darüber zu werfen« – daß Rilke seinen *Elegien* dieselbe Macht beimißt.

Wir sind dies und jenes, arm und elend. So sind wir als Kinder und später in unseren Liebesversuchen. Wir verstehen weder alt zu werden, noch zu sterben. Selbst die kleinen Mücken sind glücklicher als wir, denn sie verlassen niemals den schützenden Schoß. Und dennoch klingt dieser Befund über die menschliche Existenz bei Rilke wie eine Hymne. Die Aussage der *Elegien* öffnet unsern Sinnen den Blick auf »die Adern voll Dasein«, die existenzgeschwellt sind wie die prallen Segel des Bootes, das dem gelobten Land entgegentreibt.

Seit dem Entstehen der *Elegien* und ihrem Erscheinen im Jahre 1922 galten sie allgemein als dunkel. Kaum ein Adjektiv wäre unzutreffender für diesen Text. Sein Thema: die menschliche Existenz in einem Atemzug umfaßt, an einem Herzschlag abgelesen, im Blut eines Menschen ausgetragen – was anders sollen die *Elegien* sein als einzigartig; sie sind das Werk einer Person, die Rainer Maria Rilke heißt, sie haben eine Geschichte, nämlich die ihrer Niederschrift, welche aufs innigste mit dem Leben dieses Wesens verbunden ist. Aber sie sind auch einzigartig, weil sie geheimnisvoll sind. Das Geheimnis in Rilkes Welt hat nichts mit Dunkelheit zu tun. Das Geheimnis ist für ihn die andere Seite des Lichts, des »Glanzes«, der aus dem Innen kommt.

Die beiden Texte *Erlebnis I* und *Erlebnis II* nähern sich einer Erfahrung, einer Aufnahmefähigkeit, die man

Offenbarung nennen könnte. Kann man bei Rilke den Stellenwert von okkulten Praktiken, Seancen mit einem Medium oder Ähnlichem überschätzen?

Kurz vor seinem Tode, nachdem die *Elegien* geschrieben waren, erklärte Rilke, besser als irgend jemand es an seiner Stelle hätte tun können, jenes Phänomen, das wir heute »paranormal«, »übersinnlich« oder »parapsychologisch« nennen. Rilke sieht es im Zusammenhang mit dem Geheimnis des Ganzen. Insbesondere sein dichterisches Schaffen stellte für ihn eine Möglichkeit der Initiation dar, zu den »unerhörten Wundern unsrer Tiefen« zu gelangen. Ihm zufolge handelt es sich dabei um Erscheinungen, die danach verlangen, eher »vertragen als anerkannt«, »eher nicht abgelehnt, als gerufen« zu werden. »Heimatlos« nennt er die entsprechenden Kräfte oder Einflüsse. Heimatlos oder nicht, feindlich oder wohltuend, wie auch immer, er ist davon überzeugt, daß wir alle diesen Kräften gegenüber offen sind. Rilke kommt es darauf an, sie »gehorsam, ernst und ehrfürchtig hinzunehmen«, wie ein Geheimnis, wie ein Stück Zucker, das an »jeder Stelle Zucker ist«. Es gilt aber auch, ihnen unser Bewußtsein als Gegengewicht entgegenzusetzen, denn nichts erschiene ihm fremder als eine Welt, in der solche Eingriffe die Überhand gewännen. Diese Kräfte und Einflüsse, dieses Geheimnis, glaubt er, lösen sich in unserm Leben, in unserer Liebe, in unsern Gesten und Handlungen auf, wie das Stück Zucker.

Ja, Rainer, der Zucker, das Geheimnis, »die Adern voll Dasein«, dies werden für mich stets die Geleise deiner *Elegien* sein. Hier vollziehen sich Aufbruch und Abschied, die das »wandernde Trauern« unsres Lebens immer begleiten. So lange mit dir zusammenzusein, all die Zeit, die es brauchte, damit du dich in mir auflöstest wie das Stück Zucker, willst du hören, Rainer, was mir das bedeutete? Es war wie das tägliche Brot. Das scheint mir der treffendste Vergleich.

Was dich betrifft, so bin ich einerseits von außergewöhnlicher Hast, andererseits von extremer Langsamkeit. Ich habe es eilig, dich zu verlassen, und zugleich empfinde ich das Gewicht deiner Anwesenheit. Es ist, als wollte ich frei und ledig von dir sein und doch auf ewig deine Gefangene bleiben. Ich glaube, der Zucker hat damit durchaus etwas zu tun, oder hängt es damit zusammen, daß ich eine Frau bin, worum du uns so sehr beneidetest, du als Mann, das heißt als derjenige, der noch radikaler entbehrt? Die *Eine:* mehr in der Einheit, mehr in ihrem Schoß ruhend, in ihrem Körper, also den Mücken näher. (»O Glück der Mücke, die noch *innen* hüpft, selbst wenn sie Hochzeit hat; denn Schoß ist Alles.«)

Ich meine das nicht ganz ernst, Rainer. Vielleicht habe ich ein gewisses Recht dazu, weil ich mir wie du die Frage gestellt habe »Woher kommt die Innerlichkeit der Kreatur?« und weil ich der Mücke ihr Glück letztendlich doch nicht neide. Aber die Geheimnisse, Rainer, die Geheimnisse, die Nächte ... es ist immer noch dieser unbeschreibliche Zucker, oder, unter uns gesagt, dein »bläulicher Absud«, den ich spüre, jetzt, in dieser Zeit, die gezählt ist. Die Nächte ... jene Nächte, wo alles nackter, unverhüllter erscheint, und die Berührung der Haut mit dem Baumwolllaken. Wir sind allein. In der Einsamkeit unsres Herzens leuchten die Sterne heller, die Konturen der Bäume zeichnen sich deutlicher ab, und der erste Schrei des früh erwachten Vogels durchdringt uns schärfer. In der Einsamkeit unserer Herzen treffen wir uns. In einer solchen Nacht, da man glaubt, auf einem verlorenen Floß mitten im Ozean zu treiben, da war es mir möglich, auf dich zuzugehen: Ich blätterte in deinen *Elegien* und tastete mich in deinem Weltinnenraum vor. Manchmal weinte ich, wie es auch dir geschehen konnte, das Gesicht in den Händen verborgen. Es war, als ob sich etwas in mir löste, als fiele eine reife Frucht ab. Sagtest du nicht einmal, das Weinen sei das jüngere Geschwister der Freude, ihre Umkehrung?

Das stellen die *Elegien* dar: die Jahreszeiten unserer Gefühle in ihren unzähligen Schattierungen, wie sie absterben und sich erneuern, sich hier stützen und dort widersprechen. Abgründe öffnen und schließen sich unter »den hohen Figuren des Herzschwungs«. Du sagst, wir seien »Vergeuder der Schmerzen«. Du wirfst sie auf die Waage, behandelst sie nach Maß und Gewicht dessen, was uns auf Erden zuteil wird. Schmerzen, ja, aber in wessen Namen? Warum müssen wir »die begrenzte Dauer unsres Daseins« ertragen und uns beständig verflüchtigen und Abschied nehmen und uns der letzten Schwelle bewußt sein? Warum?

Ich weiß es und hab' es sicher gewußt, bevor du in mein Leben getreten bist. Genau wie mein Nachbar und meine Nachbarin oder die Gaukler der *Fünften Elegie*. Sie wissen es, aber sie können es nicht sagen. »Wer aber *sind* sie, sag mir, die Fahrenden, diese ein wenig Flüchtigern noch als wir selbst, die dringend von früh an wringt ein *wem, wem* zu Liebe niemals zufriedener Wille?« fragst du. Du siehst diese Liebe sie wringen, biegen, schlingen, schwingen, sie werfen und wieder auffangen, und sie kommen »nieder auf den verzehrten, von ihrem ewigen Aufsprung dünneren Teppich, diesem verlorenen Teppich im Weltall«. All diese Verben, Rainer, symbolisieren das Leben, sind dein Ausdruck für das Leben. Es wringt uns, biegt uns, schlingt uns, wirft uns und fängt uns wieder auf. Dann das letzte Lächeln, eine Grimasse.

Entsteht sie nicht aus diesen Sprüngen, aus diesen Höhenflügen und Tiefschlägen, diese Energie, der Trieb, der Wille zum Leben im Reinzustand? Sind wir nicht das blinde Spielzeug dieser Kraft? Nähern wir uns nicht, immer von neuem geworfen und niederfallend, allmählich dem Grab, das wir zunächst nur sanft berühren und dem wir dann immer näherrücken?

In deinem Gaukler, Rainer, der immer wieder auf den verschlissenen Teppich fällt und in kürzester Zeit die Jahreszeiten unsres Daseins durcheilt, der »in wenig Minuten Lenz, Sommer und Herbst hat«, in ihm erkenne ich mich wieder. Das Brennen der Fußsohlen beim Niederfallen und den immer deutlicher werdenden Schmerz »in der Nähe des immer trabenden Herzens«, die aufsteigenden Tränen, ich kenne sie nur zu gut. »Und dennoch, blindlings, das Lächeln ...« Auf so vielen Gesichtern habe ich es gesehen!

Und was tut, in derselben Elegie, Madame Lamort, die Modistin, während wir Gaukler auf den verschlissenen Teppich im Weltall springen und niederfallen? Sie erfindet »endlose Bänder ... Rüschen, Blumen, Kokarden, künstliche Früchte –, alle unwahr gefärbt, – für die billigen Winterhüte des Schicksals«.

In einem Brief – dem Ort, an dem deine Visionen reiften, bevor sie in den *Elegien* zur Vollendung kamen – schriebst du, das Schicksal gefalle sich darin, allerlei Figuren und Muster zu erfinden, und schwer zu erkennen sei es wegen seiner Vielschichtigkeit; das Leben hingegen sei gerade wegen seiner Einfachheit schwierig. Leben und Schicksal, darin sahst du auch wieder einen jener »unreinen Widersprüche«, ein Widerspruch zwischen dem bereits Seienden und dem erst Werdenden. Gaukler und Engel, das Sichtbare und das Unsichtbare, Leben und Schicksal. Zwischen beiden liegt unsere Unzulänglichkeit. Wir springen und fallen nieder, »und plötzlich in diesem mühsamen Nirgends, plötzlich die unsägliche Stelle, wo sich das reine Zuwenig unbegreiflich verwandelt –, umspringt in jenes leere Zuviel. Wo die vielstellige Rechnung zahlenlos aufgeht.«

Sprünge »auf dem verlorenen Teppich im Weltall«, das »reine Zuwenig« und plötzlich der Sprung »in jenes leere Zuviel« –, ich wäre verloren, Rainer, wenn nicht am Ende dieser Elegie »die kühnen, hohen Figuren des Herzschwungs« auf dem »unsäglichen Teppich« erscheinen würden. Es gefällt mir sehr, daß du hier diesen Teppich einführst. Dort gibt es für dich »wahrhaftes« Lächeln, und da werfen wir dann die »letzten, immer ersparten ... ewig gültigen Münzen des Glücks«. Das eben spricht mich an, Rainer, das ist typisch für dich, wie vorsichtig und sorgfältig du unsere mechanisch gewordenen Alltagsgesten von denen der Liebe sonderst, wie du diese Wirklichkeit wieder herstellst, ihr ihren Wert zurückgibst. Dieser »unsägliche Teppich« wird stets meinem Tun den letzten Sinn geben.

Ich weiß, wie vorsichtig man mit Worten aus dem Feld unsrer Alltagssprache umgehen muß – Liebe, Leben, Schicksal, Glück, Freude –, wenn man sich in deine Welt begibt. Du hieltest nicht viel von Vorschriften und Regeln, du warst kein Weiser. Von Gleichgewicht kann bei dir keine Rede sein, sondern von Aufstieg und Fall. Um deine Welt zu beschreiben, stellen sich eher Bilder ein: Jahreszeit anstatt Zeitabschnitt, Wachstum statt Entwicklung oder »aufsteigender Saft« für Inspiration. Du erduldetest die Gewalttätigkeit dieser Welt, als ob du aus Blei wärest, du öffnetest dich ihr wie eine Anemone am Morgen. Ein Rezept für Ausgeglichenheit, wenn ich überhaupt daran glauben würde, müßte ich wahrhaftig woanders suchen. Ich bin bloß einer dieser Gaukler, der gerne wüßte, was uns so wringt und schlingt. Was ist es, das uns hält?

Mein Verlangen, nicht mehr da zu sein, das sich in jenen Oktobertagen des Jahres 1975 so unwiderstehlich geäußert hat, ist der Grund, warum ich mich dir nähern konnte, warum du mein Vertrauter wurdest, vor dem ich nichts mehr zu verbergen hatte. Es war ein begünstigter Augenblick, wie sie uns das Leben nur selten gönnt. Gewöhnlich laufen wir mit einer Maske herum. Den Masken hast du übrigens viel Bedeutung beigemessen und warst wie niemand sonst fähig, sie zu erkennen. Du wußtest um ihre Macht in unserm Leben. Alle verstecken wir uns und gehen mit Masken durchs Leben. Alle tragen wir Hüte mit endlosen Schicksalsbändern und spielen Rollen, nicht wahr, Rainer? wie auf dem Jahrmarkt deiner Zehnten Elegie.

Wir sind so »umgedreht«, daß wir in die geliehenen Gesichter, die uns das Schicksal vorschlägt, einwilligen. Wir wechseln die Maske je nach Gelegenheit, aber welche wir auch immer wählen, ihre Macht über uns ist groß. Wir sind so von ihnen beherrscht, daß wir uns schließlich unter der Verkleidung selbst nicht mehr finden.

Die Masken, Rainer, ich trug sie und trage sie noch immer. Wie sollte man auch ohne sie auskommen? Wie ohne sie gehen? Nur einmal war mir das vergönnt: mit der Entscheidung, mich zu töten. Einmal in meinem Leben war es mir vergönnt, die Maske abzunehmen, so restlos, daß sie zur Totenmaske würde.

Ich weiß, daß ich nicht die einzige bin, die dir so viel Bedeutung beimißt. Zuerst belebtest du meine Nächte, die sich nach jenem Oktoberabend so endlos ausdehnten. Mit dir und dank deiner habe ich gelernt, sie wie ein Geschenk anzunehmen. Und weißt du, was mich beim Lesen und Wiederlesen deiner *Elegien* als erstes ergriffen hat? Deine Rede über das Glück. Das Glück, »dieser voreilige Vorteil eines nahen Verlusts«. Unglaubliche Erleichterung, welch ein Friede, seltsam, nicht? Als ob ich mein ganzes Leben lang darauf gewartet hätte, daß das ausgesprochen würde. Ich erwartete so viel von der Welt, den Männern, dem Zufall. Und hier diese wenigen Worte, mehr nicht. Der glückliche Zufall mit schwarzer Tinte durchgestrichen. Das Glück aus dem Feld geschlagen. Und die ungeheure Frage in großen Lettern: Woran liegt es?

Dieser Jahrmarkt, dieser ungeheure Jahrmarkt, unser Leben. »Schaukeln der Freiheit! Taucher und Gaukler des Eifers! Und des behübschten Glücks figürliche Schießstatt, wo es zappelt von Ziel und sich blechern benimmt, wenn ein Geschickterer trifft. Von Beifall zu Zufall taumelt er weiter; denn Buden jeglicher Neugier werben, trommeln und plärrn. Für Erwachsene aber ist noch besonders zu sehen, wie das Geld sich vermehrt anatomisch, nicht zur Belustigung nur: der Geschlechtsteil des Gelds, alles, das Ganze ...«

In der Rilkeschen Topographie ist die andere Ordnung, die andere Wirklichkeit von der irdischen nicht durch irgendeine beliebige Grenze getrennt. Die andre Ordnung ist unmittelbar benachbart, gleich hinter dem Verschlag, am Rande der Jahrmärkte unsres Lebens: »Oh aber gleich darüber hinaus ... gleich im Rücken der Planke, gleich dahinter ists *wirklich*. Kinder spielen, und Liebende halten einander, – abseits, ernst, im ärmlichen Gras, und Hunde haben Natur.« Nichts, was uns nicht schon bekannt wäre, das wir nicht schon gesehen, gefühlt, empfunden hätten. Rilkes andere Ordnung ist nicht das berühmte Jenseits. Die Erde ist eingetaucht darin und wir mit ihr. So einfach ist ihre Geographie: Die Kindheit, »... die Stelle ... die ihr, Zärtliche, zudeckt, weil ihr darunter das reine Dauern verspürt. So versprecht ihr euch Ewigkeit fast von der Umarmung.« Warum müssen wir die »Frist des Daseins« ertragen? Nicht »weil Glück *ist* ... nicht aus Neugier, oder zur Übung des Herzens«, sondern weil »Hiersein ... herrlich« ist. Und das, weil es einmalig ist. »Ein Mal und nichtmehr ... auch nur ein Mal: irdisch gewesen zu sein« – darin liegt unsere Grenze und unsere Größe.

Was werden wir von all dem hier Erlebten und Gekannten mit hinübernehmen in die andere Ordnung? Was ist unser Kostbarstes, das lohnte, mitgenommen zu werden? »Also die Schmerzen«, das Leiden, »also vor allem ... der Liebe lange Erfahrung«, gerade das, was wir das Leben hindurch so schwer ertragen.

Wenn wir uns an Platon, den Vater der jüdisch-christlichen Vorstellungswelt halten, dann sind die Dinge, die wir sehen, der bloße Widerschein der Ideen, sie sind blasse Abbilder der Wirklichkeit, der Wirklichkeit der Ideen, die allein Gegenstand des »reinen Wissens« sein können. Wahrheit und Wirklichkeit sind nicht in den Dingen, sondern dahinter, – als kündeten sie schon vom christlichen Jenseits, denn das wahre Zuhause dieser geistigen Tradition ist nicht hier, sondern anderswo, jenseits. Die »Norm des Daseins«, die die *Elegien* einführen, rehabilitiert die Erde und die irdischen Dinge. Rilkes Auffassung zufolge sind es nicht die Ideen im platonischen Sinne, die Zugang zur anderen Ordnung haben, sondern unser Leiden, unser Schmerz, die Dinge des Lebens, des Daseins eines jeden einzelnen, wie es sich im Laufe seines Erdenlebens ausgebildet hat.

Zwischen jenem »leeren Zuviel« der anderen Ordnung und den ganz irdischen Angelegenheiten findet im Rilkeschen Sinne ein Austausch eigener Art statt, ein Kommen und Gehen zwischen dem Sichtbaren und dem Unsichtbaren. Die hiesigen Dinge brauchen uns, sie geben uns die Möglichkeit zu ihrer Rettung. Sie retten heißt für Rilke, sie »sagen«, und dieses Sagen ist ein durchaus fleischlicher, sinnlicher Akt. Es überrascht die Dinge, erfaßt sie, versetzt sie in Schwingung. Dieser Akt hat nichts Statisches, Sagen ist »unendliche Paarung«. In der Welt der *Elegien* und der *Sonette an Orpheus* vermischt es sich – »Sagen«, Gesang, Musik – mit dem göttlichen Werk, es ist vor allem Schöpfung. Der alte Platon ist uns keine Hilfe, wenn wir den Sinn dieser »unendlichen Paarung« verstehen wollen, von der alle Dinge in Rilkes Welt durchdrungen sind. Sogar in jener »anderen Ordnung« rührt sich, bewegt sich alles. Das gilt auch für das Bild der Engel selbst: Sie werden niemals sitzend, überhaupt ruhend vorgestellt, sondern schwingend, erzitternd, so weit der Blick reicht. Erbeben, Seufzer, Luftzug des Seins. Und jedes Ding in diesem bewegten Universum hat sein eigenes Leben. Zwischen Belebtem und Unbelebtem gibt es keine Grenze mehr. Alles spricht zu uns, lächelt, weint, fleht um Befreiung.

Rilkes Dinge schreiben sich in eine Rangordnung ein. Feigenbaum, Rose, Nußbaum sind Dinge. Steine und Sterne auch. Rodins Skulptur »La Pensée«, ein Bild von Cézanne, eine Apollostatue, sind Dinge, für Rilke sogar »das Ding« selbst. Auch die alltäglichen Gegenstände – Stuhl, Kommode, Mantel, ganz zu schweigen von Häusern, Türmen, Brunnen – sind Dinge. Aber auch Leid, Freude, Liebe, Tod sind Dinge.

Sie können nah oder fern sein, freundschaftlich oder feindlich, sie können voller Leben sein oder Leben nur vortäuschen. Sie sind bald Zauber, bald Schrecken, Härte oder Milde, »denn es war ja nicht meine Aufgabe, gegen den Dingen über zu sein, sondern: in ihnen drin«. Zu Rodin sagte er einen Tag nach Beendigung der *Neuen Gedichte,* er habe gelernt, einen Verrückten, einen Greis, einen Bettler zu »machen«. Das ließe sich auch anders ausdrücken, daß er nämlich gelernt hatte, als Greis, als Bettler, aber auch als Panther, Hund und Anemone zu existieren.

In Rilkes Sprache ist »machen« irgendwo zwischen »beten« und »singen« angesiedelt. Das *Stundenbuch* ist vor allem ein Gebet an Gott, er möge in den Dingen sichtbar werden, sich in ihnen sehen lassen, und das bedeutet für Rilke in gewisser Weise, ein göttliches Leben zu erlernen. Und wenn die erste große Frucht ein Gebet ist, dann scheint die zweite Etappe ein »Machen«, bei dem das Wort bildnerische Funktion gewinnt. Aber »machen« bedeutet auch die Kraft, die Dinge so zu sagen, als sähen sie sich selbst von innen, damit sie erfahren, was sie sind, und über sich selbst staunen lernen. In dieselbe Zeit fallen auch die *Aufzeichnungen des Malte Laurids Brigge* und die *Neuen Gedichte*. »Machen« ist auch das, was Rilke »Werk des Gesichts« nennt: »Werk des Gesichts ist getan, tue nun Herz-Werk«, heißt es im Gedicht *Die Wende* aus dem Jahre 1914. Das »Herz-Werk« – die *Elegien* – war ihm als vollendeter, reinster Gesang in seiner endgültigen Form im Februar 1922 gegeben. Die *Sonette an Orpheus* entstanden fast gleichzeitig, gleichsam als »Lied der Lieder«, als Verherrlichung des in Orpheus verkörperten Singens selbst, Orpheus, der Dichtergott, der aus Liebe lebendig zu den Toten hinabstieg und nur zur Hälfte lebend wieder zurückkam: gestorben in Eurydike, aber in seinen Gesängen fortan lebendig und unsterblich. »Gesang, wie du ihn lehrst«, sagt Rilke an Orpheus gewandt, »ist nicht Begehr, nicht Werbung um ein endlich noch Erreichtes; Gesang ist Dasein. Für den Gott ein Leichtes.«

Ding der Dinge, Gott; diesen Gott sagen, das war es, was Rilke mit seiner Kunst letztlich anstrebte. Alle seine Visionen sind im Religiösen und Sakralen angesiedelt, aber sein Gott ist nie auffindbar, wird nie greifbar, sondern bleibt ein immer zu Ergreifender. Rilkes *Brief des jungen Arbeiters* begleitet das wundersame Hervorbrechen der *Elegien* und der *Sonette* im Februar 1922. Er bringt

Licht in den Raum, wo es dem reifen Rilke galt, Gott zu suchen. Dieser vorgeschobene »junge Arbeiter« verrät nur allzu deutlich den Rilkeschen Akzent.

Rilke spricht von der großen Zurückhaltung, die von nun ab zwischen ihm und Gott herrschte. Wo es vor kurzem noch Nähe und gegenseitige Durchdringung gab, ist eine Distanz entstanden, ähnlich wie in einem Atom, das die moderne Wissenschaft als ein Universum im Kleinen begreift. Alles sinnlich Erfaßbare entzieht sich, verwandelt sich. An die Stelle des Besitzens tritt eine lose Verbindung. Daraus entsteht wieder ein namenloser Zustand, der erneut mit Gott, dem ursprünglichen Gott beginnen muß, der nicht sagbar ist und der der Schöpferkraft, der Liebe und dem Tod gehört, – der Gott, der Atem ist, der lebendige Atem vor allem unsres eigenen Herzens.

Jedes Glaubensbekenntnis, überhaupt ein Glaube in diesem Zusammenhang, wäre zuviel verlangt. Die christliche Erfahrung vor allem ist überflüssig. Die Idee der Sünde, so der Verfasser der *Elegien*, widerstrebt zutiefst demjenigen, der die Erde begriffen hat. Im Zentrum dieses neuen Bewußtseins steht nicht die Schuld, auch nicht der zum irdischen Dasein gehörige Irrtum, sondern allein das reine Wesen unsrer Natur. Die Sünde stellt überhaupt den merkwürdigsten Umweg zu Gott dar.

Der Glaube an den Vermittler, das heißt an Christus, setzt voraus, daß sich zwischen Gott und uns ein Abgrund auftut. Christus stellt dann die Brücke dar, die den Abgrund zu überschreiten erlaubt. Viel dringlicher aber als das Überqueren, das Überwinden des Abgrunds erscheint Rilke, in diesen Abgrund voll der Dunkelheit Gottes hinabzusteigen und dort zu schreien. Denn allein demjenigen, der sich im Abgrund aufgehalten hat, erschließt sich der Himmel und mit ihm zutiefst alles Irdische, was die Kirche ständig zugunsten des Jenseits zu entwenden trachtet.

Gott ist für Rilke, nachdem die *Elegien* abgeschlossen sind, eher eine Richtung, eine Vielzahl ausgestreckter Zeigefinger zu Gott, der »im ewigen Aufgang begriffen« ist. Das Kreuz ist als Kreuzweg zu verstehen, als Wegweiser, aber die Menschheit begriff es nicht als »Gebärde«, sondern als »Aufenthalt«. Der Glaube an Christus, den Vermittler, ist zu einer bürgerlichen Beschäftigung geworden. Die Christen haben daraus ein Metier gemacht. »Welcher Betrug, Bilder hiesigen Entzückens zu entwenden, um sie hinter unserm Rücken an den Himmel zu verkaufen.«

Gott oder Christus, – für Rilke liegt das Problem im *rechten Gebrauch*: »Das Hiesige recht in die Hand nehmen, herzlich liebevoll, erstaunend, als unser, vorläufig, Einziges.«

In dem *Brief des jungen Arbeiters* tritt Rilke mit seltener Heftigkeit gegen alles Christliche auf. Die grundlegende Perversion der Kirche sieht er in der ständigen Abwendung vom Hiesigen zugunsten des Jenseits, vor allem aber in der Entstellung der sogenannten sinnlichen Liebe, des Geschlechts. Die Quelle der »inneren Spannung des Gemüts« liegt darin, daß die Kirche an den Ort des »tiefsten Ereignisses, aus dem wir hervorgehen«, der »die Mitte unserer Entzückungen« ist, daß sie an diese Stelle unser Unrecht und die Sünde verlegt, während doch zu fragen wäre: »Warum gehören wir nicht zu Gott von *dieser* Stelle aus?«

Indem sie die Ehe nur um der Fortpflanzung willen für heilig hält und der »Gnadenstrahl« nur um der Nachkommen willen auf ihr ruht – als sei dies die einzige Funktion unseres Geschlechts –, hat die Kirche für unzählige Menschen einen Irrweg eröffnet.

»Das Geschlecht ist das Geheimnis meines Lebens«, heißt es weiter; die Unsicherheit und Ungewißheit der gegenwärtigen Epoche rühren zum großen Teil daher, daß wir aus dieser Mitte vertrieben, an den Rand gedrängt sind. Lüge und Schuld, die wir an dieser Stelle, unserem Geschlecht, leben, trennen uns nicht nur von der übrigen Natur, sondern auch vom Kind, denn dessen Unschuld besteht durchaus nicht darin, daß es kein Geschlecht kennt, sondern »jenes unbegreifliche Glück, das uns an *einer* Stelle erwacht mitten im Fruchtfleisch der geschlossenen Umarmung, ist noch in seinem ganzen Körper namenlos verteilt. ... Einmal waren wir *überall* Kind, jetzt sind wirs nur noch an einer Stelle.«

Sehr früh schon ahnte ich dunkel die Verbindung, von der du hier sprichst, Rainer, die Verbindung zwischen Gott und Geschlecht. Ich mußte erst zu dir gelangen, um mir über ihren Sinn klar zu werden. Ja, es verhält sich wohl so, daß wir durch diese Stelle Gott angehören.

Nach allem, was ich erlebt, geleugnet, angenommen, erlitten, beschönigt habe, weiß ich mit meiner Haut, meinem Bauch, meinem Blut, daß du es richtig beschreibst: das Wunder der Geburt, das Wunder dessen, was im »Fruchtfleisch der geschlossenen Umarmung« erwacht, wo das Leben in einem einzigen Aufleuchten den Tod streift.

All diese menschlichen Dinge zu besingen, so wie du es tatest, mag für einen Gott leicht sein. Aber Gott warst du nicht, sonst hättest du ihn nicht um diesen »schönen Schoß« zu bitten brauchen. Laß mich diese Bitte nachsprechen:

»Mach Einen herrlich, Herr, mach Einen groß,
bau seinem Leben einen schönen Schoß,
und seine Scham errichte wie ein Tor
in einem blonden Wald von jungen Haaren,
und ziehe durch das Glied des Unsagbaren

den Reisigen, den weißen Heeresscharen,
den tausend Samen, die sich sammeln, vor.«

Gott warst du nicht, dafür nur allzu sehr Mensch. Mir wird immer klarer, was du von dem Unsichtbaren in den Dingen, die wir erleben, in die andere Ordnung mit hinübernimmst, in jene Ordnung, die in deinen *Elegien* so selbstverständlich die Erde streift, wie ich einen Nachbarn auf der Straße. Dazu brauche ich deine Sprache nicht zu sprechen, die Sprache deines Herzens verstehe ich ohne weiteres. Sie hat mich weit geführt, bis in dein Land des »Ur-Leids«. Hier, sagst du, wachsen die »hohen Tränenbäume«, liegen die »Felder blühender Wehmut«, weiden die »Tiere der Trauer«. »Die Väter trieben den Bergbau dort in dem großen Gebirg; bei Menschen findest du manchmal ein Stück geschliffenes Ur-Leid oder, aus altem Vulkan, schlackig versteinerten Zorn.«

Mit wievielen Dingen ist dein Tal des Leids, Vorland des Unsichtbaren, bevölkert! Sterne gibt es dort, nur daß sie andere Namen tragen. Der Mond ist da, Gräber der Alten, sogar die Sphinx am Nil, wie sie dich während deiner durchaus irdischen Ägyptenreise ansprach, dies Ding, »das für immer, schweigend, der Menschen Gesicht auf die Waage der Sterne gelegt«.

Du verstandest es, das unendlich Kleine und das unendlich Große zu sehen und zu hören, du erforschtest das unsichtbare Gesetz, das in den irdischen Dingen waltet. Und du warst weder Gott noch Engel. Wie oft passiert es mir, daß ich zu dir sagen möchte: »Erinnerst du dich . . .?« Aber das bist nicht mehr du, der sich an alles erinnert, was du gesehen, geliebt, gefühlt hast, es sind die *Elegien*. Deine Bücher und Briefe, auch das kleinste Gedicht von dir erinnert sich. So bist du, dem Tod schon so lange anheimgegeben, doch unendlich lebendig in deinen Werken.

Vor ein paar Jahren war ich in Sierre. Damals warst du für mich noch ganz neu. Damals glaubte ich noch, den Ort der *Elegien* zu sehen, brächte mir einige Erhellungen über die Haselkätzchen, die am Ende der Zehnten Elegie auftauchen. Ich hielt vor jedem deiner »Dinge« inne und versuchte, die Beziehung zu dir herzustellen. Ich wollte deine Rosen sehen, die noch immer im Garten von Muzot blühen. Ich wollte die Wände berühren, die du liebevoll streiftest, nachdem dein Engel sich entschlossen hatte, dir die reifste Frucht deines Lebens zu gewähren: die *Elegien* und die *Sonette an Orpheus*. Ich glaubte auch, wenn ich dein Grab auf dem Hügel von Raron sähe, könnte mir das die Augen über dein Unsichtbares öffnen.

Jener April in Sierre war eine glückliche Zeit in meinem Leben. An meiner Seite war ein Mann, der mit dem Blick ins Weite schweift und mit sicherem Schritt auf der Erde geht. Seine Hand ist sanft und fest zugleich. Mit ihm gibt es wirklich ein gemeinsames Erleben. Er hatte dich kennengelernt, als ich noch nicht lesen konnte: auf einem Londoner Dachboden, wo er wegen der Fliegerangriffe Wache hielt. Er, der Mann meines Lebens – wie anders könnte ich ihn nennen? – hat die Fähigkeit, voranzuschreiten. Ich hingegen kam damals überhaupt nicht mehr vom Fleck, stand bloß staunend vor den Haselkätzchen und ihrer Beziehung zu den Toten.

Ja, Rainer, dieser April in Sierre war eine schöne Zeit. Täglich fuhren wir in einem roten 2 CV, über den du sicher gelacht hättest, einen schneebedeckten Berg hinunter. Unten war das Tal, eingehüllt in einen leichten, warmen Nebel. Der Flieder stand schon in Blüte, deine Rosen noch nicht. Es war so friedlich in der Gegend von Muzot, und keine Seele weit und breit. Ein leichter Wind belebte den nahegelegenen Obstgarten. Ich fühlte mich einfach wohl an diesem Ort, du aber warst nicht da. Jetzt erst, drei

Jahre später, beim Schreiben dieser Seiten, wirst du immer deutlicher sichtbar für mich. Ich frage mich nur, in welchem Raum. Dir kann ich es ja sagen, ich fühle es, dir kann ich alles sagen. Als du noch lebtest, warst du mit diesem Raum so vertraut.

Einmal bist du zu mir gekommen. Es war Nacht. Ich schlief, und der Platz zu meiner Linken war leer. Ich erwachte in dem Augenblick, als du die Stelle verließest. Wie ausgehoben war sie unter meiner Hand, und dein Weggehen war wie jenes Rascheln des Windes im Obstgarten, als hättest du im Gehen tief Luft geholt. Nichts sonst, nur das Gewicht, das Verschwinden wie ein Luftzug, dann Stille. Ich empfand weder Freude noch Schrecken. Es kam mir wie das Selbstverständlichste auf der Welt vor. Einmal, Rainer, ein einziges Mal, findest du nicht, daß das wenig ist für jemanden, der all die viele Zeit mit dir zugebracht hat?

Eines Tages wurde ich von einem Mann verlassen. Er hat schlicht und einfach das Haus verlassen, in dem ich augenblicklich noch immer wohne. Obgleich er schon nicht mehr da war, suchte er das Haus noch einige Nächte hindurch heim. Er kam immer wieder zurück, hielt sich nahe beim Fenster auf, nackt wie ihn die Natur geschaffen hatte. Er stand dort in einer mir so vertrauten Haltung: so pflegte er am hellen Tage die Haselsträucher hinter dem Fenster zu betrachten, von einem Zimmer aus, das neben meinem Schlafzimmer liegt. Es ist das Zimmer, in dem ich arbeite, und rechts hinter mir steht ein Haselstrauch, an dem Kätzchen hängen: Es ist Februar. Für mich war jener Mann gestorben, und er verhielt sich wie ein Toter, der sich nur schwer an seinen neuen Zustand gewöhnen kann, – deiner Freundin Paula gleich, die im Kindbett starb. Ich kenne dieses Spiel zwischen Anwesenheit und Abwesenheit. Ich weiß, Rainer, wie ein ganz und gar abwesender Mensch ungeheuer gegenwärtig werden kann. Mit dir habe ich den Raum kennengelernt, in dem dieses Spiel am ehesten möglich ist. Es gibt noch viel über ihn zu sagen. Seine Gesichter, seine Gestalten und Eigenschaften sind unzählig. Ich beginne gerade erst, sie auseinanderhalten zu können, ein wenig Ordnung in sie zu bringen. Das habe ich dir zu verdanken, mit deiner Hilfe und durch dich gelingt es mir. Es gibt noch reichlich zu tun. Die Arbeit wird hart und mühselig sein. Es ist Fronarbeit, im Vorzimmer der anderen Welt.

Wenn man dir glauben darf, sind die jungen »Klagen«, die Gastgeberinnen des Leid-Tals, überaus freundlich zu den »jungen Toten im ersten Zustand«. Sie führen sie sanft durch das Land, das dem, in dem wir noch weilen, so merkwürdig ähnlich ist. Ich würde gerne wissen, was weiter geschieht. Die Zehnte Elegie hält gleichsam am Fuß des Gebirgs des Ur-Leids inne, in dem der Tote nun ganz alleine aufsteigt – »und nicht einmal sein Schritt klingt aus dem tonlosen Los«. So bleibe ich also unbefriedigt zurück angesichts deiner »hängenden Kätzchen der leeren Hasel« und des Regens, »der . . . fällt auf dunkles Erdreich im Frühjahr«. Deiner Alchimie zufolge lassen diese Dinge uns an die Toten denken, an die »unendlich Toten«, wie du sagst.

Ach, wie gerne wüßte ich, wie es weitergeht, wenn man erst einmal im Gebirge ist. Vielleicht verlange ich zuviel von dir. Warum sollte ich mich auch nicht mit dem Schauspiel des Haselstrauchs begnügen, dem ich den Rücken kehre, während ich diese Zeilen schreibe, und ihn tief in mich versenken und warten, bis sich Blätter zeigen?

Auch das lerne ich im Umgang mit dir: nichts zu überstürzen. Mit Sicherheit werde ich irgendwann tot sein und dann wissen, was dort im Jenseits geschieht. Da fällt mir ein, was du einmal einem Herrn geantwortet hast, der dich um Verse für seine Zeitschrift gebeten hatte und demgegenüber du bedauerst, daß er es so eilig habe, denn für dich sei die Welt noch nicht über den zweiten Tag der Schöpfung hinausgekommen. Meer und Erde hätten sich kaum erst voneinander getrennt.

Um dir schreiben zu können, mußte ich erst eine ganze Menge verlernen. Ich habe eine bestimmte Art der Reflexion in mir getötet, die der Mehrzahl der Leute, die mir irgendwie nahe stehen, geläufig ist, – oder sagen wir: ich versuche zumindest, mich ihrer zu entledigen, indem ich diesen Bericht schreibe. Die Welt braucht fertige Ansichten über alles, da wird geredet und geredet. Manchmal steh ich so völlig allein vor deinen Haselkätzchen!

Mein Bedürfnis zu verlernen war auch deshalb so stark, weil mir bewußt wurde, daß mir das Alphabet unsrer üblichen Weltdeutung keinerlei Hilfe war, um mich dir zu nähern und etwas Klarheit darüber zu erlangen, wozu wir eigentlich da sind. Während die Art, wie sich deine *Erlebnisse* vollziehen – darunter das größte, die *Elegien* –, immer mehr auch zu meiner wird. Das ist anfangs sehr irreführend, aber nach und nach gewöhnt man sich daran.

Unsre große Sehnsucht, die wir mit den Tieren teilen, »die Erinnerung, als sei schon einmal das, wonach man drängt, näher gewesen, treuer und sein Anschluß unendlich zärtlich«, die Erinnerung an die erste Heimat. »Hier ist alles Abstand und dort wars Atem. Nach der ersten Heimat ist ihm die zweite zwitterig und windig.« Um die Sehnsucht so benennen zu können, mußtest du sie sehr heftig durchlebt haben. Möglich, daß dies Gefühl bei dir viel weiter ging als bei den meisten Menschen. Große Entfernungen, Trennungen und Abschiede, offene Wunden wie der Krieg, solche Traumata, wie sie uns das Schicksal durch kollektive oder individuelle Geschichte bereithält, sind dir erspart geblieben. Aber nur, um desto schlimmer geschlagen zu werden. Ironie des Schicksals: dir vergiftete sich das Blut, das du so göttlich besungen hast.

Wir sind niemals bereit, sagtest du einmal, weder zu lieben noch zu sterben. Auch du warst es nicht in der Klinik in Valmont. In einem späten Vers heißt es: »Abtun will ich die Wünsche, jeden andern Anschluß, mein Herz gewöhnen an sein Fernstes. Besser es lebt im Schrecken seiner Sterne, als zum Schein beschützt, von einer Näh beschwichtigt.«

Wahrlich, der Markt billiger Tröstungen oder das Glücksschießen auf dem Jahrmarkt der Zehnten Elegie, das zog dich nicht an. Du drängtest nach Nähe und du flohst sie, du riefst nach Liebe, und du lehntest sie ab. Dein verlorener Sohn ist vor allem der, der nicht geliebt werden wollte. Als ob es dir nicht erlaubt gewesen wäre, dem Schrecklichen die Stirn zu bieten. Es passierte dir sogar, daß du dich selber als dieses Schreckliche empfandest, und du tauchtest so tief in es ein, daß du den Punkt berührtest, wo der Schrecken sich in Unschuld zu verwandeln begann, eine Art Niemandsland. Du machtest dich sogar noch stärker, du nahmst all deine Energie zusammen und du gewannst das Schreckliche für dich. Es wurde ein Ding und fand Eingang in die Welt deiner Kunst. Welch übermenschliche Anstrengung, um unsre Menschlichkeit zu besingen. Wenn es zutrifft, daß unser irdisches Leiden das Gebirge des Ur-Leids vermehrt, dann muß deine Erfahrung des Schrecklichen einen gehörigen Brocken dazu beigetragen haben.

Soviel zu deinen Haselkätzchen – mehr kann ich dazu im Moment nicht sagen.

Es fällt mir immer leichter zu verstehen, wie die Dinge in deiner Welt beschaffen sind. Aber das interessiert mich nicht in erster Linie, nicht ihre Art zu existieren beschäftigt mich, sondern deine Haltung gegenüber dem, was existiert, und auf welche Weise dein Werk zustande kam.

Es gab in deinem Leben eine Frau, der gegenüber du unbedingt aufrichtig warst. Ihr habe ich zu verdanken, daß ich zu dir kam, und ich bedarf ihrer, um dir noch näher zu kommen. Lou soll bei diesem Abenteuer meine Verbündete sein, Rainer, wenn du damit einverstanden bist.

Größenordnungen

Einmal habe ich mich längere Zeit in deinem »Zwischenland« herumgetrieben. Es begann in jenem milden Herbst im Jahre 1975. Ich habe gesehen, daß sich auf dieser Erde nichts bewegt, nichts fließt. Alles ist erstarrt, zu Stein geworden, verhärtet. Die Zeit steht still: kein Versprechen weit und breit am Horizont. Nullpunkt der Hoffnung. Zeichen der Welt erreichen dich noch, aber nur wie jene Schmetterlinge oder Blumen, die in einen kleinen gläsernen Block eingeschlossen sind, oder wie Bernsteinsplitter, diese Harzstücke von vorzeitlichen Bäumen, in denen manchmal für alle Ewigkeit ein Insekt gefangen ist. Ich habe solche Stücke gesehen, man kann sie am Ostseestrand finden.

Du nanntest dieses Land den Ort der »Atemnöte der Seele«. Alles, was ich darüber weiß, ist, daß ich keine Tränen mehr hatte. Ich tat alles Erdenkliche, um mich am Leben zu erhalten, um mich an diese Welt zu klammern, deren Wert mir völlig abhanden gekommen war. Gesten, die man seit jeher beherrscht, Gesten, Gesten, Gesten. Und dann überraschte ich mich dabei, daß mir bei den unbedeutendsten, vergänglichsten Dingen das Herz aufging. Nie zuvor hatte ich die Sonnenstrahlen auf den Wänden und dem Boden dieses Hauses spielen sehen, das für mich schon lange nicht mehr neu war. Die Zeit des Flieders, nie zuvor ging der Flieder vor meinen Augen auf wie in jenen Tagen zeitloser Dauer. Und wenn ich mein Gesicht mit einer Handvoll Fresien berührte, dann erfüllte mich ihr Duft so restlos, daß ich einen Augenblick lang selbst nur noch dieser Duft war. Ich konnte dich fühlen, Rainer, ich konnte dich erkennen, weil dort, am äußersten Rand deines Zwischenlandes eben jene Empfänglichkeit angesiedelt ist. Weil ich mit allen Bewegungen und allen Figuren deines Sagens und Seins bereits vertraut war und in ihnen lebte und wieder und wieder durch sie hindurchgegangen war, so daß ich ihre Kontur schließlich auswendig kannte.

In einer Unterhaltung sagtest du einmal, wenn eine Arbeit in dir heranreife, komme alles dir zu Hilfe. Suchtest du eine Passage in einem Buch, so fandst du sie auf den ersten Blick. Zufällig kam ein Brief, und darin wurde dir mitgeteilt, was du im Augenblick brauchtest. ... Auf solchen Grenzgängen in deinem »Zwischenland« stieß ich wie zufällig auf ein Buch, das zu einem echten Ereignis in meinem Leben geworden ist. Es handelte sich dabei nicht wirklich um einen glücklichen Zufall, woran auch du übrigens nicht glaubtest. Ich zumindest glaube immer weniger daran. Genaugenommen war dieses Buch nur ein Aufbruchssignal für meine Reise zu dir. In mir selbst hatte bereits eine Wandlung begonnen, und ich bewegte mich auf dich zu. Und das ist der Grund, warum dieses Buch, eine Biographie von Lou, bei mir auf so fruchtbaren Boden fiel.

Lous Person erschien mir überhaupt nicht fremd. Sie schien mir eher seltsam vertraut. Du kommst in diesem Buch als eine Episode in ihrem Leben vor, zwar eine vielsagende, aber doch nur eine Episode. Ich habe mich gleichsam in das Unterholz von Lous Begeisterungen begeben, eine Art Wiederholung meines Philosophieunterrichts: ihr Nietzsche brachte mich zu Schopenhauer, Schopenhauer zu Freud, und als du an die Reihe kamst, sagte ich mir: »So, hier bin ich endlich zu Hause.« War es nicht auch das, was Lou dir bedeutete?

Wenn ein Mensch stirbt, dann nehme er das Geheimnis mit sich, das gerade ihm erlaubt hat, in der Ordnung des Geistes zu leben. In diesem Sinne schrieb Hofmannsthal kurz nach Rilkes Tod an dessen Tochter. Eine ziemlich arrogante Antwort, wenn man bedenkt, daß Ruth Sieber-Rilke Hofmannsthal darum gebeten hatte, über ihren Vater Zeugnis abzulegen. Aber ganz und gar nach Hofmannsthals Art, dessen Dichterschicksal in gewisser Weise dem Rilkes entgegengesetzt war. Während Rilke von der tief verwurzelten Ahnung ausging, daß es außerhalb der Zeit eine Dauer geben müsse, einen ewigen Kern hinter den Phänomenen, war für Hofmannsthal die Wirklichkeit eine prekäre Verbindung flüchtiger Eigenschaften, ein Zusammenspiel ständig sich verändernder Eindrücke und Empfindungen. Rilke tastete forschend nach dem Seinskern, indem er die Masken herunterriß und die Metamorphosen hinter sich ließ. Hofmannsthal deckte das Wirkliche damit zu und verzweifelte daran.

Während der Glanz der Rilkeschen Poesie mit reiferem Alter deutlicher wurde, nahm Hofmannsthals Schaffen allmählich ab und verlor zuweilen für ihn seinen Sinn. Hofmannsthal war zwischen dem 18. und 20. Lebensjahr als Dichter zur Vollendung gelangt, während Rilke im selben Alter gerade seine ersten Reime hervorbrachte. Als der eine den Zug bestieg, stieg der andere aus. Solche Mißverständnisse kommen unter den Menschen vor. Dennoch bleiben Hofmannsthals Worte im Hinblick auf Rilkes Tod unbedingt gültig. Vorausgesetzt, er hat überhaupt in jener Ordnung des Geistes gelebt. Für beide, Rilke und

Hofmannsthal, war diese Ordnung jedenfalls von großer Bedeutung.

Lou zählte viel in Rilkes Leben. Viel mehr als irgendeine Ehefrau oder Geliebte, die es versteht, ihren Künstlergefährten mit jenem warmen, aus Geduld, Zurückhaltung und Treue gewirkten Schatten zu umgeben. Lous Treue gegenüber Rilke, ihre Zuneigung für ihn, waren anderer Natur.

Die Geschichte ihrer Liebe und ihrer Freundschaft hat durchaus revolutionäre Momente, da sie die geläufigen Begriffe ins Wanken brachte und gegen das verstieß, was man den *gesunden Menschenverstand* nennt.

Sobald die Schriften, die Korrespondenz und die *Eintragungen* aus den letzten Jahren fast überall im Westen zugänglich geworden waren, ließ sich das Legendengeflecht entwirren, das man um Lou gesponnen hatte. Die Legende hatte gewollt – wie konnte es anders sein –, daß sie Rilke gegenüber die Rolle der *femme fatale* oder der Männervernascherin und was weiß ich gespielt hat.

Eins liegt für mich auf der Hand: ohne die Begegnung mit Lou Andreas-Salomé, ohne die jahrelange faszinierende Vertrautheit, die bis zu Rilkes Tod bestand – und für Lou darüber hinaus –, wäre der Autor der *Elegien* nicht der, der er ist. Davon legen Lous *Eintragungen*, die sie im Januar 1934 begann, dreiundsiebzigjährig und drei Jahre vor ihrem Tod, Zeugnis ab.

Wenn Lou und Rainer, einer gemeinsamen Absprache folgend, eine Reihe von Gedichten zerstörten, in denen der junge Rilke seine Liebe zu Lou feiert, und wenn aus der gemeinsamen Korrespondenz gewisse Briefe Lous fehlen, muß man fürchten, daß einem die entscheidenden Verbindungsglieder fehlen, um diese in ihrer Art einzige Beziehung rekonstruieren zu können. Eben jene *Eintragungen* aber erlauben uns, diese Lücken zu füllen.

Diese Seiten beweisen eine für eine dreiundsiebzigjährige Frau ganz erstaunliche Erinnerungsfrische und Aufrichtigkeit. »April, *unser* Monat, Rainer –« schreibt sie auf der ersten Seite, »der Monat vor dem, der uns zusammenführte.«

Am 12. Mai 1897 lernten sie sich bei gemeinsamen Freunden in München kennen. Lou war 36 Jahre alt. Eine Photographie aus dem Sommer desselben Jahres, in Schmargendorf im Isartal aufgenommen, gibt ein Bild von den beiden. Lou, fröhlich in ihrem weiten Kleid, blondes, fülliges Haar und ein Lächeln auf dem Gesicht. Auf dieser Photographie erinnert fast nichts mehr an jene eckige Gestalt der Achtzehnjährigen mit der übergroß wirkenden Stirn über dem hageren Gesicht. Ich meine Lous Bild aus der Zeit der römischen Ferien im Jahre 1879, wie sie Paul Rée und Nietzsche kennenlernten. Rilke – in einem dunklen Anzug, der sich dem knabenhaften Körper, den er sein Leben lang behalten wird, anschmiegt – hält sich etwas abseits von Lou. Er ist 22 Jahre alt und hat nur Augen für sie.

»War ich jahrelang Deine Frau«, schreibt Lou in ihren *Eintragungen,* »so deshalb, weil du mir das erstmalig Wirkliche gewesen bist, Leib und Mensch ununterscheidbar eins, unbezweifelbarer Tatbestand des Lebens selbst. Wortwörtlich hätte ich Dir bekennen können, was Du gesagt hast als Dein Liebesbekenntnis: ›Du allein bist wirklich.‹ Darin wurden wir Gatten, noch ehe wir Freunde geworden und befreundet wurden wir kaum aus Wahl, sondern aus ebenso untergründig vollzogenen Vermählungen. Nicht zwei Hälften suchten sich in uns: die überraschte Ganzheit erkannte sich erschauernd an unfaßlicher Ganzheit. So waren wir denn Geschwister – doch wie aus Vorzeiten, bevor Inzest zum Sakrileg geworden.«

Diese Worte der alten Lou sind für mein Empfinden

unendlich viel bedeutungsvoller als es vermutlich der Inhalt der nicht zur Veröffentlichung gelangten Briefe war. Mit dem zeitlichen Abstand war es ihr möglich geworden, für sie beide das zu formulieren, was uns ein Mal, ein einziges Mal im Leben zustößt oder niemals. Das ist der Grund, warum wir in jener Sehnsucht leben, die uns, jung oder alt, als Kind oder Jugendlichen niemals verläßt: uns in jener »überraschten Ganzheit« zusammenzufinden, in diesem Inzest, der noch kein Sakrileg ist, die »untergründigen Vermählungen« zu vollziehen, uns jenem einzigartigen Zustand zu nähern, wo alle Entscheidungen, die unser Leben bestimmen, außer Kraft gesetzt sind, wo Körper und Geist unlösbar zusammengehören, wo die Gegenwart eines Menschen zur ganzen Welt wird, jener Ort, wo Subjekt und Objekt, Ich und Welt ineinander verschmelzen. Diese einzigartige Erfahrung des körperlichen Liebesaktes als Kryptogramm der Höchsten Einheit.

»Ich habe eine Heimat«, schreibt Rainer wenige Tage nach ihrer ersten Begegnung an Lou. »Was für eine große Revolutionärin Sie doch sind. – Throne haben Sie keine in mir umgestoßen. Aber an dem einen Thron, der wartet, sind Sie leise lächelnd vorübergeschritten.« Es ist wie ein Wiedersehensfest für den jungen René, den Lou nach ein paar Wochen in Rainer umbenannte. Es ist, als läge überall Gold; er ist der König, Lou die Königin. »Ich bin reich und frei ... Ich will keine Träume haben, die Dich nicht kennen, und keine Wünsche, die Du nicht erfüllen willst oder kannst.«

Rilke wird durch den Umgang mit Lou so tief erschüttert, daß sogar seine Schrift sich verändert. Sie beginnt der Lous seltsam ähnlich zu werden, insbesondere das charakteristische »s« mit seinem deutlichen, die anderen Buchstaben leicht überragenden Bogen, gleichsam ein jauchzendes, triumphierendes »s«.

Den auf den Frühling ihrer Begegnung folgenden Sommer verbringen sie in einem kleinen, am Waldrand gelegenen Haus. Sie gehen im Wald spazieren, barfuß, sie verbringen endlose Stunden über russischen Texten, halten Siesta hinter geschlossenen Läden. Wenn die Freunde sie zum Abendessen treffen, dann sind sie erschöpft und bleiben während der ganzen Mahlzeit abwesend und zerstreut.

Merkwürdigerweise ist es Rainer zu verdanken, daß Lou sich leidenschaftlich für ihr Herkunftsland, Rußland, zu interessieren begann. Sie hatte ihre Geburtsstadt Petersburg mit 17 Jahren verlassen, um Philosophie an der Universität Zürich zu studieren. Das war damals die einzige Universität, an der Frauen zugelassen waren. Man kann sich vorstellen, daß es keine Kleinigkeit war, die eigene Mutter, die ihre Tochter auf allen Reisen im Ausland begleiten sollte, einfach abzuhängen. Kurzum, jene Frau, mit der unser junger Dichter Russisch lernt und Siesta hält, hat eine bewegte Vergangenheit: der stürmische, wirre Plan, ein Leben zu dritt mit Nietzsche und Paul Rée zu beginnen, der Fluch, mit dem Nietzsches Schwester sie belegt, als sie sieht, welche Verwüstungen die »ausschweifende Russin« anrichtet; der liebenswürdige, gefügige Paul Rée, der sich als Arzt aufs Land zurückzieht und sich dann – so jedenfalls will es das Gerücht – umbringt. In der Zwischenzeit ehelicht Lou den 15 Jahre älteren Orientalisten Friedrich-Carl Andreas. Die Ehe, die bis zum Tode von Andreas im Jahre 1930 bestehen bleibt, wird nie vollzogen.

In den *Eintragungen* Lous aus dem Jahre 1934 gibt es eine Passage, wo sie sich an ihr erstes Wiedersehen nach der Trennung im Jahre 1900 erinnert, das fünf Jahre später stattfand: »Von unserem Pfingsten an las ich, was Du schufst, nicht nur mit Dir, ich empfing es und bejahte es wie eine Aussage über Deine Zukunft, die nicht aufzuhalten war. Und hier wurde ich noch einmal Dein, auf eine zweite Weise – in einem zweiten Magdtum.«

Wenn man dieses Geständnis wörtlich nimmt, dann wäre Lou noch Jungfrau gewesen, als sie Rilke begegnete – Jungfrau mit sechsunddreißig Jahren: eine ungeheuerliche Sache für eine derart skandalumwitterte Frau und dazu angetan, unsere sexuell befreiten Zeitgenossen erstarren zu lassen. Darum geht es mir hier aber nicht. Nur verstehe ich jetzt besser, wie Lou ihre Verbindung, ihre »Vermählung« mit Rilke begriff.

Drei Jahre haben Lou und Rainer als Mann und Frau im biblischen Sinne zusammengelebt. Der Dichter Rilke war im Werden begriffen. Sein zukünftiges Werk entstand im Umgang mit Lou. Sie war davon fasziniert, doch interessierte sie im Dichter vor allem der Mann. Mit ihm hatte sie es zu tun. Damals, sagte sie, gab es in ihm »eine Ungeteiltheit von Geist und Sinnen, ein Ineinanderschwingen von beidem: der Mensch ging noch unverkürzt und unbesorgt in dem Künstler und der Künstler im Menschlichen auf«.

Im darauffolgenden Sommer reist Rilke nach Florenz. Täglich macht er Aufzeichnungen, die für Lou bestimmt sind und später im *Florenzer Tagebuch* erscheinen. Sie enthalten Überlegungen zur Kunst, zum Künstlertum, zu Gott. Den Weg zum »reifen Dasein« erkennt er bereits als mühselig und dunkel, der Künstler ähnelt dem Heiligen. »Der Schaffende ist der weitere Mensch, der, über welchen hinaus die Zukunft liegt ... Der Künstler ist die Ewigkeit, welche hineinragt in die Tage.« Im Schaffen projiziert der Künstler das Geringe und Vergängliche nach außen: sein einsames Leben, sein verschwommenes Verlangen, seine Alpträume und Freuden, die vergehen werden. Für die nichtschöpferischen Menschen ist die

Religion, obgleich sie auf historischen Konventionen beruht, eine Form der Kunst. Wenn sie beten, sind sie produktiver, denn dann geben sie ihrer Liebe, ihrer Dankbarkeit und Sehnsucht Gestalt. Das Gebet ist für sie eine Art Befreiung. Für den Künstler ist die schöpferische Tätigkeit eine Art Gebet und ein Weg, um zu größerer Klarheit über sein Leben zu gelangen, der Weg zu sich selbst. Wenn er Madonnen malt, holt der Künstler ein von Gott erfülltes Licht aus sich hervor und gibt es diesem Gott zurück.

Über dem Lou gewidmeten *Florenzer Tagebuch* liegt etwas Frühlingshaftes, doch die Freude ist bereits von Unstimmigkeiten durchzogen. Rilke sieht den Raum, den Lou ihm eröffnet, und er spürt bereits die Kraft, mit der er diesen Raum wird erfüllen können. Und dennoch das Geständnis: »Ich haßte dich wie etwas zu Großes . . . Einmal kam ich so arm zu Dir. Fast als Kind kam ich ja zu der reichen Frau. Und du nahmst meine Seele in deine Arme und wiegtest sie.« Jetzt, erwachsen geworden, möchte er allen Reichtum, den sie ihm geschenkt, zurückgeben, aber in seiner Armut und Not zwingt er sie nur, aus ihrem Reichtum »kleine Münzen für das Bedürfnis des Alltags zu prägen«. Und er gesteht: »Dir gegenüber war ich wieder nur der kleinste Bettler an der letzten Schwelle deines Wesens, das auf so breiten und sicheren Säulen ruht.« Und dunkel empfindet er, er »müsse fort aus dem Umkreis dieser Güte«, die ihn »erniedrigt«.

Vom Bruch sind sie noch weit entfernt. Zwei Jahre liegen noch vor ihnen, und sie werden zwei Reisen nach Rußland unternehmen (1899, 1900), die Rilke eine neue, weniger enge Vision von Gott vermitteln. Aus dieser Erfahrung heraus entsteht das *Stundenbuch*, über das Rilke später, nach den *Elegien*, einmal sagte:

»Ich erinnere mich noch deutlich an die Kraft, die es

mir eingegeben hat, und ich werde ihr stets nacheifern und ihr demütig ergeben sein.«

Genau genommen beschreibt das Wort »Bruch« nur schlecht, was zwischen diesen beiden Menschen geschehen ist. Wer Rilkes Leben kennt, seine Ehe, seine unzähligen angefangenen Liebesgeschichten, der kann leicht feststellen, daß es ihm nur ein einziges Mal in seinem Leben begegnet ist, daß das Ziel seines Strebens, seines Verlangens mit einem wirklichen Wesen übereinstimmte. Dieses Wesen war Lou.

Kurz nach ihrer Trennung schrieb er ihr:

»Ich steh im Finstern und wie erblindet,
weil sich zu Dir mein Blick nicht mehr findet.
Der Tage irres Gedränge ist
ein Vorhang mir nur, dahinter Du bist.
Ich starre drauf hin, ob er sich nicht hebt,
der Vorhang, dahinter mein Leben lebt,
meines Lebens Gehalt, meines Lebens Gebot –
und doch mein Tod –.

Du schmiegtest Dich an mich, doch nicht zum Hohn,
nur so, wie die formende Hand sich schmiegt an den
Ton.
Die Hand mit des Schöpfers Gewalt.
Ihr träumte eine Gestalt –
da wurde sie müde, da ließ sie nach,
da ließ sie mich fallen, und ich zerbrach.

Warst mir die mütterlichste der Frauen,
ein Freund warst Du wie Männer sind,
ein Weib so warst du anzuschauen,
und öfter noch warst Du ein Kind.

Du warst das Zarteste, das mir begegnet,
das Härteste warst Du, damit ich rang.
Du warst das Hohe, das mich gesegnet –
und wurdest der Abgrund, der mich verschlang.«

Nachdem Rainer »Freiheit und Weite« gefunden hatte, kam Lou wieder zu ihm, aber diesmal, um »einer Himmelfahrt des Dichter*werks* über den Dichter*menschen*« beizuwohnen. Der Beistand, den sie ihm leistete, ist um so fesselnder, als sie ab 1911 zum Kreis um Freud gehörte und als erste Frau die Psychoanalyse als Beruf ausübte. Im Verhältnis zu Rilke fungierte sie zweifach als »Geburtshelferin«: für den Dichtermenschen und für das Dichterwerk. Rilke schrieb um 1910 an Lou: »Dein Wesen war so recht die Tür, durch die ich zuerst ins Freie kam; nun komme ich immer noch von Zeit zu Zeit und stelle mich gerade an den Türpfosten, auf dem wir damals mein Wachsen verzeichnet hatten.«

Der Briefwechsel, den die beiden im Jahre 1903 wieder aufnahmen und bis zu Rilkes Tod führten, ist geradezu ein Schmelztiegel, in dem die Rilkesche Mythologie heranreifte. All jene Figuren – der Heilige, die verlassene Geliebte, die Kindheit, das Tier, die kleine Kreatur, die Puppe, der Engel –, die die Problematik der *Elegien* ausmachen, ziehen sich wie ein immer dichter werdendes Gewebe durch diese Briefe. Wenn wir sie lesen, folgen wir einem Dialog über die Ursprünge unserer Moderne.

Im Unterschied zu so vielen anderen hatte Lou sich der Psychoanalyse nicht etwa zugewandt, um innere Verwirrungen und Konflikte zu lösen. Sie selbst nennt zwei »Lebenseindrücke«, die ausschlaggebend dafür waren, daß sie sich der Freudschen Sache zuwandte: »das Miterleben der Außerordentlichkeit und Seltenheit des Seelenschicksals eines Einzelnen« – das war Rainer Maria Rilke – sowie ihre russische Herkunft, »das Aufwachsen unter einer Volksart von ohne weiteres sich gebender Innerlichkeit«.

Im russischen Volk schien ihr die unmittelbarste Verbindung mit dem Ursprünglichen und mit Gott vorhanden zu sein, – zwei Begriffe, die für sie bis in ihr hohes Alter ein und dieselbe Sache bezeichnen. Es ist, als ob sich bei diesem Volk die Entwicklung vom Ursprünglichen zum Bewußtsein ohne Umweg, ohne Vermittlung vollzöge. St. Petersburg, Lous Geburtsstadt, war aufgrund seiner geographischen und geistigen Lage ein Fenster zum Westen, und dieses Fenster blieb ihr Bezugsrahmen während ihrer ganzen späteren Erfahrungen im Westen, im Zentrum der Ideen und der Suche des beginnenden 20. Jahrhunderts. Er erlaubte es ihr, deutlicher wahrzunehmen, was typisch war für die östliche und die westliche Welt, die dunkle Herzenswärme und die kalte Klarheit des Geistes, das scheinbar Vielschichtige und das scheinbar Einfache.

Lou war 50 Jahre alt, als sie 1911 anläßlich des Psychoanalytischen Kongresses in Weimar Freud zum ersten Mal begegnete. Durch ihre philosophische Vorbildung kam sie mit reichlich angeschlagenem Gepäck zur Psychoanalyse. Dem Darwinismus und dem kritischen Positivismus stand sie offen und neugierig gegenüber. Sie war Zeugin der Geburt des reifen Nietzsche und hing bedingungslos dem Wahlspruch an: »Unsern Lebensdurst und Denkerdurst stillt im tiefsten dasselbe Wasser ...« An ihrem »Verlobten« Nietzsche bewunderte sie am meisten, daß er das Theoretische zu einer lebendigen Erfahrung machen konnte und daß er vom überbetonten individuellen Recht auf Leben zu einem grandiosen Zustand der Trunkenheit des Denkens gelangen konnte.

Nietzsches gesamte Entwicklung war von ganz spezifischen seelischen Entdeckungen begleitet, die als Vorboten der Psychoanalyse gelten können. Es wurde immer deutlicher, daß sich die seit je gültigen philosophischen Systeme überholt hatten. Das seinerzeit jüngste, nämlich das von Schopenhauer, war bereits stark psychologisch inspiriert. Beide, Schopenhauer und Nietzsche, hatten das Wissen von der Psyche mit gewagtem Stoff angereichert. Infolgedessen stellte sich für Lou die Frage, wie man mit einem Instrumentarium, das die Wissenschaftlichkeit garantieren sollte, Einfluß auf ein höchst lebendiges Material nehmen könnte, ohne es dabei zu verletzen. Freuds Verfahren, das erkannte sie sofort, war eine angemessene Antwort auf dieses Problem. Als Arzt und Mann der Wissenschaft, frei von jeder »Trunkenheit des Denkens« und mit einer Auffassung begabt, die der der Metaphysik entgegengesetzt war, entsprach Freud vollkommen dem, was Lou suchte. Es sei ihr vorgekommen, schreibt sie, als habe sie seit dem Ende ihrer Kindheit auf die Psychoanalyse gewartet.

Die Anfänge der Psychoanalyse tragen deutlich die Spuren der psychiatrischen Anstalten, denn es sind ja gerade die pathologischen Fälle, die das Unbegreifliche begreiflich machen und so Hypothesen und Deduktionen in bezug auf das vermeintlich Normale zulassen. Lou vergleicht im Anschluß an Freud den Seelenforscher mit einem Taucher, dem es gelegentlich gelingt, in den Tiefen ein Stück des Unbewußten aufzuraffen und in seinen Besitz zu bringen. Lou ist sich durchaus bewußt, wie gefährlich es ist, diesen kleinen Ausschnitt zu verallgemeinern, zumal er uns lediglich als Krankheitsform zugänglich ist »und dem wachen, bewußten Menschen die Beschäftigung damit widerstehe«.

Die Tiefenpsychologie, oder, wie Freud es nennt, die Metapsychologie, hat einen paradoxen Zug, denn intuitives Wissen, paranormale Erscheinungen, ja sogar Mystizismus – alles Dinge, denen Freud mit äußerstem Mißtrauen begegnete – sind integraler Bestandteil der analytischen Praxis. Hinzu kommt, daß wir zunächst nur dieses kleinen Ausschnitts aus den Tiefen des Unbewußten habhaft werden, nämlich durch die Arbeit mit den Kranken, das heißt jenen Wesen, bei denen sozusagen ein Zipfel des Unbewußten wie in einer Türe eingeklemmt und deshalb uns zugewandt ist, weshalb die Psychoanalyse von Anfang an als pseudowissenschaftlich und infolgedessen verdächtig erscheinen mußte.

Und schließlich: was sind denn die Hauptthemen der Psychoanalyse? Geschlecht, Exkrement, Sexualität dieser »kleinen Engel«, wie der Volksmund die Kinder nennt, das blutige Drama des »Familienromans«, das »amoralische Es«, das Unbewußte, kurz all das, was Freud anderer Leute schmutzige Wäsche nannte. Um die Nase da hineinzustecken, mußte man schon jemand wie Lou sein.

Die Atmosphäre des Verdachts, diese Komplottstimmung gegen die Gesellschaft, gegen Moral, Würde und Achtbarkeit des Menschen ergriffen auch die zur Psychoanalyse Bekehrten. All die Brüche, Abweichungen, Verdammungsurteile, Häresien, die zu den Beziehungen der ersten Analytiker untereinander gehörten, wo auch die Persönlichkeit Freuds ihre Rolle spielte, – um all das machte Lou wenig Aufhebens. Sie nahm das mit einer gewissen Offenheit, Klarsichtigkeit und Vorsicht auf. Lous Interesse an der Krankheit war anderer Art als das jener Mediziner und Schüler Freuds. In den Geisteskrankheiten sah sie vor allem eine Öffnung aufs Unbewußte hin, aufs Mysterium also, das in jedem von uns, ob gesund oder krank, vorhanden ist. Denn dies ist für Lou der Ort, wo die Wurzeln des Lebens wachsen, hier ist die Quelle, aus der alles Lebendige entspringt. Es gilt, aus der psychischen Not einen Vorteil für die Wissenschaft zu machen, etwas Positives schlechthin. Das erklärt auch den staunenden Blick, mit dem Lou alles betrachtet, was ihr die neue Wissenschaft zu bieten hat.

Lou erzählt, wie sie eines Tages zu Freud von ihrem Vater sprach. Als kleines Mädchen hatte sie die Angewohnheit, die Taschen ihres Vaters zu durchstöbern, wo sie stets ein kleines Geschenk fand. Freud antwortete darauf lachend: »Ich glaube, Sie betrachten die Analyse als eine Art von Weihnachtsbescherung!« Für mich bedeutet Lou ein Ferment, einen frischen Windstoß, durch den es mir möglich wurde, ganz in die Psychoanalyse einzudringen und darin eine Vision des Menschlichen zu finden, die eine wunderbare Lebenshilfe sein kann.

In Lous Lebensgeschichte kann ich einige Gemeinsamkeiten mit meiner eigenen ausmachen. Ihr Todesjahr ist mein Geburtsjahr. Wie sie bin ich in Rußland geboren, als jüngstes Kind einer Familie, wo es bereits zwei andere Kinder, zwei Jungen, gab. Meine frühesten Erinnerungen beziehen sich auf meinen Vater, den Geruch, der von ihm ausging, seine Art, sich über mein Bettchen zu beugen, und die Berührung meines Körpers mit seiner wollenen Weste. Auch ich kramte in seinen Taschen und fand darin immer ein Bonbon oder ein Stück Brioche: »ein Geschenk vom Hasen«. Wo konnte ihm nur in den Straßen Moskaus ein Hase begegnet sein, frage ich mich.

Meine ursprüngliche Umgebung hat denselben Geruch und dieselbe Geschlossenheit wie die Lous. Bei dem Schatzkästchen aus Lous Kindheit, jener braunen Schachtel voll kostbarer Knöpfe, muß ich an meine eignen Schätze denken, Schätze, die ich selbst zusammenstellte und die ich Jahr für Jahr im Garten meiner Tante vergrub. Ich machte ein kleines Loch in die Erde, tat getrocknete Blumen hinein, dann bunte Kieselsteine und darüber eine durchsichtige Glasscheibe. Wenn ich im folgenden Jahr das »kleine Geheimnis« – auf Russisch:

»siekrietik« – ausgrub, dann versetzte mich das unter Glas erscheinende Bild stets erneut in Entzücken.

Der Kindheit entwachsen, versuchte ich anderen Geheimnissen auf die Spur zu kommen, in andere Mysterien einzudringen, die sich mir noch entzogen und die von Jahr zu Jahr nicht so unversehrt geblieben waren wie jene »siekrietiki« im Garten meiner Tante. Die Dinge begannen auszufransen, sich aufzulösen und auf unbekannten Wegen zu entschwinden. Ich aber versuchte, jene Kindheit, jene Geschlossenheit, jenen schützenden Schoß nicht zu verlieren oder wiederherzustellen. Noch heute versuche ich das mit allen Kräften.

Mein Verlangen, in die Geheimnisse einzudringen, hat mich in jungen Jahren zum Philosophiestudium und später zum Bücherschreiben veranlaßt, damit ich unterwegs nicht verliere, was mir die Welt zu sagen hat.

Ich sehe noch die russische Ausgabe von Freuds Werken aus den 20er Jahren vor mir, in Packpapier eingebunden, die ich in der Lenin-Bibliothek las. Science-fiction! Und dazu so fesselnd wie alles, was verboten ist!

Natürlich, solange man jung ist, bewegt man sich leichter im Allgemeinen. Begriffe riechen nicht, und, was noch wichtiger ist, sie bieten die Welt in so überzeugender Weise geordnet dar. Unser »Ich« bleibt noch im dunkeln und ist begierig auf das, was draußen ist. Selbst wenn unser Körper schon dieses Draußen ist, so übt es gleichsam noch eine gewisse Diskretion. Was hat man schon mit all dem gelblich-braunen Schmutz zu tun? Was für ein Gerede um das »Anale« und das »Orale«? Was hat das in dem Taumel zu suchen, der uns Liebende einander in die Arme treibt? Und selbst wenn wir insgeheim einen Gott in uns tragen – und ich glaube, das tut ein jeder von uns –, was hat der schon mit dieser ganzen übelriechenden Küche zu schaffen?

Ich sehe Lou vor mir, irgendwo in Wien um 1912, zu einer Zeit, da die Frauen kaum wagen, ihre Knöchel zu zeigen, und ich sehe Lou unter all diesen Männern, die päpstlicher als der Papst darüber debattieren, daß wir schon als Kinder, wenn wir auf dem Topf sitzen und unser Geschäft verrichten, ein Werk vollbringen, etwas, das eine uns selbst vergleichbare Objektivität besitzt. Rainer litt unter Hämorrhoiden. In Duino hatte er die Stimme seiner Engel vernommen, dann waren sie verstummt. Welcher Zusammenhang mag zwischen beidem bestehen?

In einem Brief an Rilke äußert Lou, was für sie in den letzten Jahren seit ihrer Hinwendung zur Psychoanalyse das Bedeutsame war: erlebt zu haben, daß jemand – gemeint ist natürlich er, Rilke – »bis an sein Äußerstes (gehen wollte) – *darum* entgleiste er eher als Andere«. Bis zum Äußersten seiner selbst gehen bedeutet für Lou, den unbewußt gebliebenen inneren Fähigkeiten seines Ich nachzuspüren und sie auszuloten. Diejenigen, die gesund bleiben, bescheiden sich in ihren Bestrebungen und erwarten weniger vom Leben. Lou hält ihr Wohlsein für kläglich: »Jetzt frage ich mich nicht nur beim Kranken: wodurch erkrankte er? sondern auch, nicht minder argwöhnisch, beim Gesunden: wodurch blieb er gesund?«

Lou ist für die psychoanalytische Auffassung vom Menschen besonders empfänglich. Es ist, als ob man ihm gegenüberträte, jenseits aller Affekte, irgendwo in den Tiefen, wo die Gegensätze – Haß und Liebe, Todestrieb und Lebenstrieb, Krankheit und Gesundheit – nur Abstufungen ein und derselben Wirklichkeit sind.

Lou ist von der Idee der Einheit besessen. Ihr menschliches, existentielles Bedürfnis entspricht ihrer psychoanalytischen Forschungsmethode. Nie verliert sie die Ganzheit, das Zuhause, die Heimat im edelsten und weitesten Sinne aus den Augen. Sie hat einen bedeutenden Beitrag zur Entwicklung des »Narzißmus« geleistet. Verständlich, daß dieser Begriff sie besonders reizte.

Freud sah anfänglich im Narzißmus ein autoerotisches Stadium auf dem Wege zur genitalen Sexualität. Es ist Lou zu verdanken, daß die Auffassung des Narzißtischen als eines dauerhaften und alle Entwicklungsstadien begleitenden Elements sich mehr und mehr durchsetzte. Demnach wird der Narzißmus nicht als eine Verirrung begriffen, sondern als libidinöse Ergänzung des Selbsterhaltungstriebs, als eine ursprüngliche libidinöse Besetzung des Ichs. Lou sieht darin eine Art Urzustand, der im Menschen schöpferisch wirksam ist, der Ort, wo wir aller Entwicklung zum Trotz immer bei uns sind. Unser Streben nach Einheit ebenso wie unser Lebensmut speisen sich letztlich aus narzißtischer Quelle.

Die mythische Gestalt, die bei dem Terminus Pate stand, der sich im Wasser spiegelnde Narziß, hat die psychoanalytische Begriffsbildung, mit der Lou sich beschäftigte, gleichsam in die Irre geleitet. Als Symbol unserer Psyche ist er der Inbegriff der Eitelkeit, der Ichbezogenheit. Die moralisierende Deutung verwechselt den narzißtischen Menschen mit einem von sich selbst durchdrungenen Subjekt, während Lou unter dem Narzißmus ein Abenteuer der Seele versteht, welches mit moralischen Begriffen nicht zu fassen ist.

Der Narzißmus stellt den Ausgangspunkt unserer seelischen Entwicklung dar, nämlich jene libidinöse Phase, wo das Kind Selbst und Welt nicht voneinander unterscheiden kann, so daß die erste Objektwahl auf das Subjekt selber fällt. Später, wenn die »Einzelhaftigkeit« erlangt ist, sich Selbst und Welt getrennt haben, wird der Narzißmus zur Basis unseres Seelenlebens und begleitet alle Objektbesetzungen. Seine Funktion ist durchaus, wie Freud es formulierte, »der Monere gleich«, die »Pseudopodien ausstreckt, um sie nach Bedarf wieder in sich einzubeziehen«.

Lou beschreibt den Narzißmus als eine von Grund auf positive Strebung, die sich auf drei Ebenen äußert: in den Objektbesetzungen, den Wertesystemen und bei der Umwandlung narzißtischer Energie in künstlerische Schaffenskraft. Krassester Egoismus und größte Selbstlosigkeit liegen im Narzißmus eng beieinander. Wer einer auch sei und was er auch tut, er hat – in unendlich feinen Abstufungen – an dieser Alchimie teil.

Lous Beitrag zum Narzißmusbegriff ist nicht spekulativer Natur, obgleich sie in ihrer Vorgehensweise und trotz ihres unbedingten Willens, eine treue Schülerin Freuds zu sein, eine Metaphysikerin bleibt, die irgendwo in Spinozas Nähe gehört, aber vor allem Rilkes Intima ist. Die Bedeutung ihres Beitrags verdanken wir vor allem ihrer Erfahrung mit Menschen, ihrem außerordentlichen Erleben, das heißt jener ihr eigenen Gabe, die Nietzsche veranlaßte, sie »Lebensgenie« und Freud, sie »Versteherin« zu nennen. Der Briefwechsel zwischen Freud und Lou Andreas-Salomé ist in dieser Hinsicht sehr aufschlußreich. Ihre ganze Denkweise ist der Freuds entgegengesetzt. Ohne je ihre bedingungslose Anhängerschaft der Freudschen Sache aufzugeben, verteidigte sie unablässig ihre Eigenart und bewahrte sich dabei ihr Frausein ebenso wie ihre Originalität. Lou systematisiert, indem sie die Dinge zusammenbringt, sie denkt, um zu vereinen. Freud hingegen ist der Überzeugung, daß der Wissenschaftler trennen muß, um denken zu können, daß er überhaupt denkt, indem er trennt.

Es amüsiert mich, wenn ich bedenke, wie sehr der Dialog zwischen diesen beiden Menschen zum Schicksal dieser Wissenschaft gehört, gerade weil sie der Schnittpunkt von Metaphysik und Physik, von Körper und Seele ist. Die ins Leben verliebte Lou, Lou-die-fröhliche-Wissenschaft, und Freud, ihr an Mundkrebs leidender Lehrer, der »anderer Leute schmutzige Wäsche wäscht« – schon verrückt, wie gut die beiden sich verstanden haben! Ironie des Schicksals auch, wenn man bedenkt, wie sehr diese beiden Gestalten, die an der Wiege der Psychoanalyse standen, das »Männliche« und das »Weibliche« zugleich in ihrer Polarität und in ihrem Zusammenwirken zu veranschaulichen wußten! Vielleicht aber auch die Mängel dieser Wissenschaft und ihre Verletzlichkeit. Was auch immer bestehen bleiben wird von den Entdeckungen der Psychoanalyse – jener Wissenschaft, die sich die Heilung unsrer Seelen vorgenommen hat –, sie bleibt eine Methode der Annäherung, die trotz unbestrittener Erfolge dennoch machtlos ist, wenn es darum geht, unsere tiefsten, ursprünglichen Wunden zu heilen, jene Wunden, von denen in den *Elegien* die Rede ist.

Im Vollzug des Lebens selbst sah Lou bereits einen schöpferischen Akt. Die Krankheit, ihre körperlichen Äußerungen, die als innere Fesseln die Schaffenskraft des Menschen hemmen, interessieren sie vor allem beim künstlerischen Menschen. Die wesentliche Frage, die sie sich stellt, ist: ». . . wie jemand die Genietat tut, das der *Realität* Unmögliche als *Kunstwerk* zu ermöglichen, anstatt an *sich* daran irre zu werden – . . . Oder am Realen irre, das heißt: Phantast zu werden anstatt Kunstgenie«?

Als Lou sich dem »Fall Rilke« oder dem »Fall Kleist« zuwendete, tat sie das nicht als kalte Klinikerin. Die schöpferischen Menschen, Künstler ganz allgemein, stellen für sie die symbolischsten und exemplarischsten Menschen dar, in denen sich die Natur des Menschlichen zugleich herrlicher und tragischer verwirklicht.

Unser Seelenleben ist Lou zufolge ein Spannungsfeld, in dem der »Narzißmus als Doppelrichtung« zum Tragen kommt: einerseits die, welche das Ich gegen die Wirklichkeit verteidigt, es aufbaut und stärkt, andererseits die, welche um der Bewahrung der Einheit mit dem Ganzen willen das Ich beständig auflöst. Die Geburt des Ich inmitten einer unbekannten Welt wird stets schockhaft, als Herausgerissenwerden aus einer Heimat, einem geschützten Ort, erlebt, dem Ort, wo jedes Ding uns zu enthalten schien, so daß wir jetzt wie aus der Welt und aus uns selbst hinausgeworfen sind. Die Verdrängung, die lediglich ein Abwehrmechanismus ist, setzt sich immer aktiver durch. Die Selbstliebe erfährt immer härtere Schläge, ist immer schmerzlicheren Verwundungen ausgesetzt. Zunächst richtet sie sich auf ein ideales Selbst, welches im Zuge der individuellen Entwicklung objektivere Gestalten annimmt und sich auf Werte abstrakterer und geistiger Natur erstreckt.

Grosso modo ist das der Weg, den unser Narzißmus nimmt, um auf seine Weise den Schaden, den die Individuation anrichtet, wiedergutzumachen. So kann Lou die Spuren des Narzißmus vom kindlichen, nur auf sich selbst gerichteten Egoismus bis zum sublimen Egoismus des Rebellen, des Dichters oder des Gottsuchers verfolgen.

Die Tatsache, daß die Menschen eine Moral entwickeln, die auf Gesetz, Regel und Pflicht abzielt, ist für Lou ebenfalls Ausdruck der schöpferischen Macht des Narzißmus. Die Dichtung, jede künstlerische Schöpfung überhaupt ». . . ist die Weiterführung dessen, was das Kind noch lebte, und was es als Heranwachsender um des praktischen Daseins willen opfern muß. Poesie ist die perfekt gewordene Erinnerung.« Der schöpferische Akt bezeichnet die zeitweilige Rückkehr zu einer ursprünglichen Einheit dessen, was für uns normalerweise in Subjekt und Objekt auseinandertritt, und zugleich erscheint er als eine Befreiung von einem individuellen Sinn. Deshalb »hat der Künstler sein Publikum in sich«. Sein Werk nährt sich aus einer ganz persönlichen Faszination und enthält zugleich das Universelle; das scheinbar Subjektivste schlägt ins objektiv Gültige unmittelbar um. In dieser Explosion des Narzißtischen wird der Dichter oder Mystiker über die Grenzen seines Ichs hinausgetrieben.

Der Zusammenhang zwischen den Inhalten aus Lous psychoanalytischer Praxis und ihren entsprechenden Schriften und der Problematik der Rilkeschen Poesie läßt sich unschwer erkennen. Wenn man bei Rilke von Figuren spricht, dann handelt es sich um mehr als bloß um ein Symbol, nämlich um ein »Symbol der Symbole«, ein Zeichen, das nicht mehr auf diesen oder jenen realen Aspekt unseres menschlichen Daseins verweist, sondern gerade auf jenen Ort, wo sich das narzißtische Drama abspielt. Rilkes »Figuren« haben keine rhetorische Funktion, sie sind ontologischer Natur und führen gewissermaßen unsere ursprüngliche Zerrissenheit vor – das Auseinanderklaffen von Leben und Geist, Natur und Kultur, Trieb und Bewußtsein.

Tänzer, Puppe, Marionette – die Figuren, die in der *Vierten Elegie* auftreten, in jenem Schauspiel, wenn man vor »seines Herzens Vorhang« sitzt, sie lassen sich nur im Zusammenhang der Narzißmusproblematik und in Verbindung mit den Prosatexten von Rilke und Kleist verstehen, die von der Natur der Puppen und Marionetten handeln.

Worin besteht nun bei Rilke die Besonderheit dieses Gegenstandes, der doch unserer Kindheit angehört? Die Puppe ahmt uns nach, so scheint es zumindest. Sie hat eine Seele, keine eigene, aber die, die wir in sie hineinträumen – »sich träumen *lassen*«, das entspricht ihrem Wesen. »Sie war so bodenlos ohne Phantasie, daß unsere Einbildung an ihr unerschöpflich wurde.« Wir lassen auf sie

»den unaufhörlichen Goldregen unserer Erfindung« niedergehen. Und was erhalten wir dafür? Was wird aus all der Wärme, die wir ihr so reichlich spenden? Sie schweigt. Schon als Kind mußten wir's erfahren, als ob sie einen Vorteil aus ihrem Schweigen zöge, als ob sie uns eine Welt ahnen ließe, »in der das Schicksal, ja Gott selber, vor allem dadurch berühmt geworden sind, daß sie uns anschweigen«.

In der Kindheit, als die anderen, die Erwachsenen, uns immer noch zu antworten und uns die Dinge so beruhigend zu erklären vermochten, da war die Puppe die erste, »die uns jenes überlebensgroße Schweigen antat, das uns später immer wieder aus dem Raume anhauchte, wenn wir irgendwo an die Grenze unsres Daseins traten«.

Die Puppe wird hier zum ursprünglichen Bild der Feindseligkeit der Welt, der Entfernung von den Göttern, erster Anlaß zu der Erfahrung, daß sich uns der Boden unter den Füßen entzieht. Noch ist die Welt so nah, so warm, noch sind wir in ihrem Schoß geborgen, aber das Schweigen, das Rätsel bereitet sich unaufhaltsam und unnachgiebig vor, jenes Schweigen, das uns aus der Welt und aus uns selbst vertreibt.

Hundert Jahre früher hatte Kleist in seinem Essay *Über das Marionettentheater* denselben Sachverhalt aus einem etwas anderen Blickwinkel dargestellt: Die Marionette ist dem lebendigen Tänzer gegenüber im Vorteil; denn gerade das, was den Menschen als Menschen auszeichnet, das Bewußtsein, stört seine natürliche Grazie. »Wir sehen«, sagt Kleist, »daß in dem Maße, als, in der organischen Welt, die Reflexion dunkler und schwächer wird, die Grazie darin immer strahlender und herrschender hervortritt.« Bei der Puppe finden wir Ebenmaß, Beweglichkeit, Leichtigkeit in einem höheren Grade »und besonders eine naturgemäßere Anordnung der Schwerpunkte«, denn ihre Glieder sind nichts als Pendel, die dem reinen Gesetz der Schwerkraft folgen. Wir können die Gliederpuppe um ihre Stetigkeit, ihre Unfehlbarkeit und die Harmonie ihrer Bewegung nur beneiden. Kleist berichtet von einem gewandten und anmutigen jungen Mann, der in einen inneren Konflikt gestürzt wurde, als er eines Tages bemerkte, daß er die gleiche Bewegung nicht zweimal ausführen konnte.

Begreift man den Maschinisten, der die Drähte oder Fäden bewegt, als eine Art Seele – die *vis motrix* – und die Puppe als den Körper, der durch die Energie lebt, die ihm vermittelt wird, so ergibt sich eine quasi unfehlbare Vollkommenheit der Bewegung. Körper und Seele gehen dabei eine nahezu ideale Verbindung ein. Vielleicht, so Kleist, »müßten wir wieder von dem Baum der Erkenntnis essen, um in den Stand der Unschuld zurückzufallen?« – das heißt um die natürliche Anmut des Tieres oder des Kindes wiederzufinden.

Rilkes Text über die Puppen und Kleists Essay über die Marionetten nimmt Lou zum Anlaß, um die zentralen Vorstellungen zu beschreiben, von denen beide Künstler geradezu obsessiv beherrscht sind. Kleist, so führt sie aus, habe versucht, die »zerstörende Gewaltsamkeit des Triebhaften« in sich zu bewältigen, indem er sie der »strengen Meisterschaft der Form« unterwarf. Es ist, als habe er sich des Mechanismus der Anmut bemächtigen wollen. Rilke hingegen überließ sich dieser Gewalt, die tief aus ihm emporstieg, und öffnete sich diesen Kräften mit der reinsten, ungezügeltsten Hingabe. Der erste Widerstand, der erste *Andere,* das erste Objekt, das er als von sich selbst verschieden empfand, war für ihn sein Körper. In den beiden Texten *Erlebnis I* und *Erlebnis II* beschrieb er die idealen Bedingungen, unter denen sich seine eingeborene Anlage aufzunehmen, zu empfangen, am vollkommensten verwirklichen kann: der Leib tritt gleichsam zurück, schwerelos, wird zu einem Medium, einem leitenden Element.

»Eine Seele«, so Rilke in einem Brief an Lou, »die darauf angewiesen ist, sich in den immensen Übertreibungen der Kunst zu harmonisieren, müßte auf einen Körper rechnen dürfen, der ihr nichts nachäfft und präzise ist und sich nirgends übertreibt. Mein Körperliches läuft Gefahr, die Karikatur meiner Geistigkeit zu werden.«

Das Duell, das sich Rilkes Körper und Rilkes Geist insgeheim liefern, ist ein Roman für sich. Im Sommer 1914 erreicht dieser Zweikampf seinen Höhepunkt. Das erstaunliche Ergebnis hat im Briefwechsel zwischen Lou und Rilke aus jener Zeit seinen Niederschlag gefunden. Diesen Sommer verbrachte Rilke allein in einer Atelierwohnung in Paris, Rue Campagne-Première Nr. 17. Ein erneuter Versuch zu lieben war fehlgeschlagen, und das Ende spektakulärer denn je, denn die Stärke der Leidenschaft, die ihn treibt, sich mit Leib und Seele einem Wesen zu vereinen, ist dem Scheitern proportional. Gegenstand der Leidenschaft war Benvenuta, die Pianistin Magda von Hattingberg, eine Schülerin Busonis. Von diesem ungeheuren Gefühlsüberschwang ist uns eine Reihe von Briefen geblieben, in denen Rilke sich in Glücksbekundungen übertrifft. Sie sind ein wahres Stoßgebet: die mächtigsten Liebeskräfte sind freigesetzt und streben ihrem Gegenstand zu, der – in Lous Sinne – um so symbolischer ist, als die fragliche Dame sich außer Reichweite befindet. Rilke trifft sie erst drei Monate später, und von diesem Augenblick an erlebt seine Leidenschaft ein schwindelerregendes Decrescendo. Wieder zurück in Paris, befindet sich Rilke in jämmerlichstem Zustand. Es geht ihm körperlich so schlecht, daß er sogar in Erwägung zieht, sich in die Behandlung eines Arztes zu begeben, »der vom Körperlichen her weit ins Geistige zu folgen vermöchte«. Doch der Vorsatz wird nicht ausgeführt. Man darf davon ausgehen, daß der Beistand, den Lou in jenem Sommer durch ihre Briefe leistete, wirkungsvoller und fruchtbarer war, als beiden unmittelbar bewußt wurde.

Diese Briefe sind nicht leicht zu verstehen, und ich bin jahrelang an ihnen gescheitert. Hinter diesem Austausch steht eine ganze Welt gemeinsamen und getrennten Erlebens. Auf der einen Seite steht Lou, ganz und gar mit der psychoanalytischen Initiation beschäftigt. Auf der anderen Seite steht Rilke mit seiner Dichtung, Rilke, der Autor des *Stundenbuchs,* der *Neuen Gedichte* und der *Aufzeichnungen des Malte Laurids Brigge.* Ein genialer Mensch, dem Lou da in der Mitte ihres Lebensweges begegnet! Um die Tragweite ihres brieflichen Dialogs aus dem Sommer 1914 zu erfassen, mußte ich mich in das Werden des Menschen und des Dichters Rilke versetzen und mich zugleich auf die psychoanalytischen Schriften von Lou Andreas-Salomé stützen.

Im Lichte des Narzißmus kann das »Objekt« etwa als ein Ziel definiert werden, das unsere vom narzißtischen Kern ausgehende Triebenergie ansteuert. Darauf sind all die Kräfte gerichtet, die sich aus dem intimsten Zentrum unsres Seins speisen, diese Energie, die zu uns selbst zurückkehren will, zu jenem »Wir«, das im Ganzen aufgeht.

Jeder Gegenstand – Gott, eine soziale Tat, die Liebe zu einem Menschen, das Werk eines Künstlers – kann jener Ort sein, zu dem, wie Rilke es ausdrückt, der »Pfeil im Absprung« hinstrebt. In Lous bildlicher Umschreibung heißt das: der Gegenstand trägt immer die Tracht unsres Herkunftslandes.

So bringt die Liebe, die Liebe zu einem anderen Menschen im Augenblick ihrer Entstehung, den Sinn des Verhältnisses zwischen dem narzißtischen Kern und dem

Objekt am besten zum Ausdruck. Rilke beschrieb Lou, was er empfand, als seine Liebe zu Benvenuta erwachte: »Das Tägliche und meine Beziehung dazu wurde mir auf eine unbeschreibliche Weise heilig und verantwortlich, – und von da aus ergriff mich eine unendliche Zuversicht, als ob nun endlich der Ausweg aus dem trägen Mitgerissenwerden im stetig Verhängnishaften gefunden sei. Wie sehr ich, von da ab, in Veränderung begriffen war, konnte ich auch daraus merken, daß selbst Vergangenes, wo ich etwa davon erzählte, mich durch die Art, wie es herauftrat, überraschte; handelte es sich z. B. um Zeiten, von denen ich oft auch früher gesprochen hatte, so fiel die Betonung auf sonst unbeachtete oder kaum bewußte Stellen, – und eine jede nahm, gleichsam landschaftlich schuldlos, eine reine Sichtbarkeit an, war da, bereicherte mich, gehörte zu mir, – so daß ich zum ersten Mal Eigentümer meines Lebens zu werden schien, nicht durch auslegende Aneignung, Ausbeutung und Verstehen von Gewesenem, sondern eben durch jene neue Wahrhaftigkeit selbst, die auch meine Erinnerungen durchflutete.«

Das Verlangen, die Triebenergie, die auf ein Objekt ausgeht, setzt jene Kraft frei, die, einer Wiederaneignung gleich, die Rückkehr zu sich selbst ermöglicht. Sie versöhnt Drinnen und Draußen, Welt und Selbst. Der Zustand der Verschmelzung und Erfülltheit, den Rilke hier beschwört, ist bereits nur noch Erinnerung. Das Objekt – die Musikerin – hat er in Wien verlassen. Andere vor ihr hatten dieses Schicksal geteilt, und es wird nach ihr noch anderen widerfahren. Später sagte Benvenuta über Rilke: »Er ist kein Mensch, er ist eine Erscheinung . . .« Für Lou ist er in diesem Sommer vor allem Körper, Innereien, Blut, ein Bündel so vieler verschiedener Beschwerden, daß die Bilder dafür nicht ausreichen. »Ach ich alte Kalesche«, sagt er von sich, »früher war ich so fein gefedert, und jetzt – wenn das Wunder mal eine halbe Stunde in mir fährt, ich wunder mich, daß es nicht aussteigt: ich stoße und rüttle wie die ärmste Teljega und geh darüber beinah selbst aus den Fugen.« Und dann ist er wieder eine Ziege, mit einer zu kurzen Leine an den Pflock gebunden, und alles, was er kaut, wird Ziege.

Durchgerüttelte Kalesche, Ziege, auch eine Art »Falle« ist ihm sein Körper geworden, und »dort wo er früher aufnahm und weitergab, schnappt er zu und schließt ein; eine Oberfläche voller Fallen, in denen gequälte Eindrücke absterben, ein starres unleitendes Gebiet«.

Die Geräusche seines Körpers nimmt er so deutlich wahr, daß es ihn ablenkt und verwirrt, sie stören ihn so sehr, als lebe er »in einer Verwandtschaft kleiner Leute, die sich zanken«. Manchmal fühlt er sich so, als hätten sich in seinem Blut einige Tropfen Zitronensaft oder andere merkwürdige Substanzen aufgelöst, die überall, wo sie hinkommen, eine deutliche Spannung erzeugen, so daß er ihre Bahn klar verfolgen kann.

Rilke gesteht Lou, daß er sich an manchem Morgen wie ein strohgefüllter Hampelmann fühlt, als sei sein Körper anorganisch, tote Materie, der Puppe gleich, die er in seinem Essay beschreibt.

In einem bestimmten Licht betrachtet, mögen Äußerungen Rilkes über seinen Körper als das Klagelied eines Hypochonders erscheinen, dazu angetan, das klinische Bild des Neurotikers zu bereichern. Es ist nicht meine Aufgabe, Rilke gegen diesen, übrigens ziemlich verbreiteten, Mißbrauch zu schützen. Versteht man aber diese brieflichen Äußerungen, in denen Rilke Lou gegenüber sein körperliches Elend in metaphorischem Gewande beschwört, nur als Gefühlsäußerung und Klage, dann entgeht einem das Wesentliche seiner Berufung als Mensch und Dichter.

Rilke war ein Dichter der Sinne und an jener Stelle des Universums zu Hause, wo die Linien des Geistigen und des Sinnlichen zusammentreffen. Sein Leben lang versuchte er, Sinn und Gehalt seiner Sendung deutlicher zu erfassen, als sei er auf der Suche nach dem »alten Fluch der Dichter, die sich beklagen, wo sie sagen sollten, die immer urteilen über ihr Gefühl, statt es zu bilden; die noch immer meinen, was traurig ist in ihnen oder froh, das wüßten sie und dürften's im Gedicht bedauern oder rühmen. Wie die Kranken gebrauchen sie die Sprache voller Wehleid, um zu beschreiben, wo es ihnen wehtut, statt hart sich in die Worte zu verwandeln, wie sich der Steinmetz einer Kathedrale verbissen umsetzt in des Steines Gleichmut«.

Rilke sagt von sich selbst, er sei den Sinnen verpflichtet. Wie könnte es auch anders sein? Wenn er die Gestalt und die Erscheinung Gottes im Unsichtbaren sucht, dann tut er es hier auf Erden und nicht in einem imaginären Jenseits. Wenn er bisweilen die Heiligen beneidet und sich ins Gebet versenkt, um sich in Askese zu versuchen und Körper und Sinne zum Schweigen zu bringen, so gibt er dies sofort wieder auf, denn die Absage bliebe bei ihm »Betrug, List, Erschleichung –, und zum Schlusse rächte sie sich irgendwie im Kontur seines Werkes, als Härte, als Dürre, als Unzugiebigkeit, als Feigheit der Frucht.«

Dem Schlaf maß Rilke eine vorrangige Bedeutung zu, er trank nur Wasser und Tee, ernährte sich vegetarisch, vermied jede Droge, und dies ganz bewußt, um seinen Körper »rein« zu erhalten, frei von jedem Exzeß. Selbst in der Klinik von Valmont, wo er unbeschreiblichen Torturen ausgesetzt war, lehnte er jede Droge ab, entschlossen, seinem Leiden ins Auge zu sehen. Wenn er Lou so ausführlich von seinem körperlichen Befinden und seinen Gebrechen berichtet, dann geht es dabei um etwas anderes als um Klagen und Gefühle. Wenn er ihr die Suche nach den Gründen seines physischen Elends anvertraut, dann tut er auch dies als Dichter, als Dichter der Sinne; auch daraus schafft er ein Werk.

Rilkes Briefe an Lou, vor allem die des Sommers 1914, sind Höhepunkte seines Prosaschaffens. Rudolph Kassner hat das Verhältnis von Rilkes Werk und seiner Korrespondenz mit einem Kleidungsstück und seinem Futter verglichen: das Futter aber sei aus so kostbarem Stoff gefertigt, daß eines Tages jemand versucht sein könnte, das Kleidungsstück umgedreht zu tragen.

Bei der Lektüre von Rilkes Briefen besticht – neben der Bewunderung, die wir für seine unermüdliche Annäherung an Menschen und Dinge empfinden – auch das feine Einfühlungsvermögen für den jeweiligen Adressaten, ganz egal, ob es sich dabei um ein Kind handelt – den kleinen Balthus, Merlinas Sohn –, eine Frau oder einen Mann, die Prinzessin von Thurn und Taxis oder Martha, ein junges Mädchen, das er in Paris auf der Straße getroffen hatte, um seinen Übersetzer ins Polnische, von Hulewitz, oder um Dichter: Marina Zwetajewa, Boris Pasternak oder Jules Supervielle. Wie in einem Orchester geraten in dieser Korrespondenz alle Saiten seiner reich nuancierten Seele in Schwingung. Dennoch geht für mich vom Briefwechsel zwischen Rainer und Lou ein besonders kostbarer Klang aus.

Zwischen beiden gibt es einen besonderen Kode, fast wie unter Kindern, die die Köpfe zusammenstecken, um sich ihre Geheimnisse in einer Sprache zu erzählen, die außer ihnen niemand versteht. Ich frage mich sogar, ob nicht die Tatsache, daß ich mich selbst jahrelang in den trüben Gewässern der »Freudschen Sache« herumgetrieben und wieder und wieder in den Mysterien der *Elegien* gelesen habe, ursprünglich von dem Bedürfnis ausging, diesen Kode zu entschlüsseln.

Über all diesen Briefen liegt eine Ruhelosigkeit, ein zögerndes Kreisen um einen Punkt, der bald größer, bald nicht mehr wahrnehmbar ist, bald ganz hell, bald von Dunkel umgeben. Ihr Zwiegespräch kennt keine festen Rollen. Beide sind abwechselnd Lehrmeister und Lernender. Der Briefwechsel hat etwas von einer imaginären Psychoanalyse, wo die Grenzen zwischen Analytiker und Analysand aufgehoben sind, oder von einem vollkommenen Duett, wo die zweite Stimme nahtlos in die erste übergeht, um dieselbe Melodie in einem anderen Register fortzuführen. Und wenn aus Unachtsamkeit die Analytikerin in Lou die Oberhand gewinnt, dann reagiert Rilke doch wieder als Dichter. Wie sehr Freud den Nagel auf den Kopf getroffen hatte, als er Lou den »Dichter der Psychoanalyse« nannte, das zeigt sich in jenen Briefen Lous an Rilke.

Die Melodie dieses Duetts – Rainer–Lou – ist nicht die Anemone, nicht die Ziege, noch jene Teljega in Rußland, eine Erinnerung an ihre gemeinsame Reise. Du strebst dem Göttlichen zu, du streckst die Hand nach dem Unsichtbaren aus, du willst in der Geliebten neu erstehen, von den Rosen singen, – und der Körper, er blutet durch die Hämorrhoiden, scheidet diesen gelblich-braunen Schmutz aus, masturbiert, läßt dich Tag und Nacht nicht in Ruhe. Er spielt sich als allmächtige Gottheit auf, als unersättlicher Tyrann, ein Vampir der Seele. »Nur acht, ja nur drei Tage«, erfleht Rilke, »jener Verfassung, die man ›Wohlsein‹ nennt, d. h. körperlicher Neutralität (das Nicht-Parteinehmen des Körpers) – und die Macht in mir überwöge und nähme sich meiner an, statt daß ich es bin, der diese Macht herumschleppt wie ein kranker Vogel das Gewicht seiner Flügel.«

Vergessen wir nicht, daß einer der beiden Duettisten eine Frau ist, die Frau, die Rilke unter allen, die er gekannt hat und kennen wird, als die »allein Wirkliche« anerkennt. Jede Seite ihres Briefwechsels trägt die Spuren der Innigkeit ihrer Beziehung. Lou ihrerseits hat sich weit von jenem »denkenden Schilfrohr«, von dieser androgynen Erscheinung entfernt, die sie noch kurz vor ihrer Begegnung mit Rilke zu sein schien. Paradoxerweise ist es gerade der um vierzehn Jahre jüngere Mann, der sie in die sinnlichen Freuden einführt und die Frau in ihr erweckt. Aber von welcher Ambiguität ist doch das Frausein bei Lou.

Im Innersten unsres narzißtischen Kerns sind wir nämlich beides zugleich, wir sind per definitionem zweigeschlechtlich. Ich bin sogar geneigt, mit Lou darin übereinzustimmen, daß das unberechenbare Mischungsverhältnis aus »männlich« und »weiblich« die wesentliche Grundlage unseres individuellen Schicksals ist.

Die Frau, die durch die Natur ihrer Sexualität der Mitte näher ist, bleibt dem Narzißtischen, das eine Sprache vor allem des Körpers ist, stärker verbunden. In ihr sind Sexualität und Ich noch narzißtisch vereint. Wie durch eine Lupe zeigt uns der Geschlechtsakt den Unterschied des sexuellen Schicksals von Mann und Frau. Der Mann, sagt Lou, erfahre ihn in gewisser Weise als etwas »Rohes«, während sich bei der Frau die Sinnlichkeit gewissermaßen in zarteren Farben verteile, nicht zentriert sei, sondern ähnlich wie beim Kind im ganzen Körper zirkuliere. Der Liebesakt ist für die Frau eher eine »Einnahme« und für den Mann eine »Abgabe«, sie empfängt, er gibt. Der Mann, indem er sich zum Erzeuger macht, enteignet sich gleichsam; er wird, wie Freud ironisch meinte, zum Altruisten.

Was in jedem von uns vorhanden ist und was sich in jedem von uns, ob Mann oder Frau, bekämpft, nämlich das, was wir an »Männlichem« und »Weiblichem« in uns verspüren, erreicht bei Rilke eine seltene Intensität. Lou ist überzeugt, daß diese übermäßige Steigerung der menschlichen Anlagen bei Rilke der Grund dafür ist, daß er am Leben leidet, aber auch die wichtigste Voraussetzung seines spezifischen Werks. In diesem Sinn ist zu verstehen, was sie ihm einmal schrieb: »Denn das ist gewißlich und wahr, daß du der symbolischste Mensch bist, von dem ich weiß . . .«

Aber auch Lou scheint mir aufgrund ihres Lebens und der Tatsache, daß sie mit Rilke ein einzigartiges Paar zu bilden vermochte, nicht weniger symbolisch. Für mich stellen sie in der Tat das erstaunlichste Gespann dar, mit dem ich je in Berührung gekommen bin. Erstaunlich deshalb, weil in der Verbindung dieser zwei Wesen alles das, was in der Liebe unsern tiefsten Schmerz ausmacht und woran wir selbst beim besten Willen straucheln, transzendiert wurde, das heißt es ging nicht verloren, sondern wurde auf einer anderen Stufe durchlebt, empfunden und vergegenwärtigt, auf einer anderen Wirklichkeitsebene, die aber dieselbe Wärme besitzt wie unsere Wirklichkeit, jenes warme Licht, das von der Umarmung im symbolischen Sinn, wie Lou ihn ihr gab, ausgeht. Und wenn ich in Momenten drohenden Untergangs, wenn alles in mir zusammenbricht, Gott anflehe, dann darum, daß mir mit dem Mann meines Lebens das widerfährt, daß er im Guten wie im Schlechten und unwiderruflich zu meinem Leben gehört.

An das Gegenüber glaube ich mehr als an alles andere. Die Welt ohne Gegenüber wäre mir eine endlose Wüste. Ich glaube an den Andern, an den anderen aus Fleisch und Blut und Knochen, und zu ihm strebt der lichteste Teil meines Wesens, diese Gabe Gottes, der wir alle teilhaftig geworden sind.

Ich mußte die Vierzig überschreiten, um dem Mann zu

begegnen, den ich den »Mann meines Lebens« nenne. Ich mußte erfahren, was Trennung heißt, Trennung durch Tod, ich mußte erst meinen Sohn aufwachsen sehen, um den Sinn der Existenz des Anderen zu erfassen und begreifen zu lernen, was Rainer meinte, als er zu Lou sagte: »Du alleine bist wirklich für mich.«

Ich glaubte schon nicht mehr daran, daß es so etwas überhaupt geben könnte: die greifbare Wirklichkeit des anderen. Ich habe mich ergeben, mit Sack und Pack und ohne Vorbehalt. Wenn ich ihn liebe, meine ich nur ihn: seine blauen Augen, seine grauen Locken, seine im Verhältnis zu dem massiven Körper zu schlanken Arme, die zu feinen Hände, wenn man bedenkt, was er arbeitet: Bäume fällen, Heu einbringen, Kartoffeln ernten –, ich verliere mich in ihm und finde mich wieder. Das ist nicht einfach, und Gott gebe mir die Kraft dazu!

Das ist der Ort, wo ich schöpferisch bin. Nicht etwa die Zeilen, die ich hier aneinanderreihe. Das ist mein Werk: mein nur zu wirklicher Sohn, Michel, Fenosa, Swetlana und der »Mann meines Lebens«. Und all die andern, die die Psychoanalyse kalt als »Objekte« bezeichnet. Ich nenne das die »Nachbarn«, alles, was auf unserm irdischen Weg in unsere Reichweite gelangt, alles, was uns berührt, Zeichen gibt, uns stört. Glücklich bin ich über diese Störung, über alles, was einen Widerhall in mir erweckt: meine Nachbarn in der Straße, in der ich noch immer wohne, und alles, was mir noch begegnen kann.

Meine Liebe zu diesem Mann, dem »Mann meines Lebens«, entstand unterm Zeichen von Abreisen, Zügen, Bahnhöfen, unterm Zeichen jener Momente, da er mitten unter den Ankommenden auftauchte: als erstes sah ich seine Augen, dann sein struwweliges Haar, sein gebräuntes Gesicht, die großen Schritte und den Korb voller Gemüse von seinen Feldern. Zu meinem letzten Geburtstag hatte er eine Musik von Händel im Gepäck, dieselbe, mit der das Theaterstück beginnt, das wir uns gemeinsam ausgedacht haben und dessen Uraufführung in Marseille stattfand, einer Hafenstadt – für mich ein zweites Odessa.

Eines Abends spielte ich die Platte auf unserm alten Apparat, und wir wurden einander in die Arme getrieben. So umschlungen erlebten wir es noch einmal: den Regen unsres Freundes Juri, die Lichter von Henri Alekan, plötzlich, wie in einer unwillkürlichen Aufwallung, und wir haben geweint.

Wenn es dich nicht gegeben hätte, Rainer, dann wäre mir das, was in unseren Tränen enthalten war, während jene Stimme sang, weniger vertraut gewesen. Ich denke an unsre Abgründe, unsre Grenzen, unsre Kinder, die gemeinsam geschriebenen Seiten, unsre Trennungen, unsre Härte und unsere Zärtlichkeit, an die gemeinsamen Nächte, und ich denke an die Bilder, die unser getrenntes Erwachen heraufbeschwört: die Dächer von London, das Gemüse in der Haute-Savoie, das Pfeifen der Züge in meiner Geburtsstadt, den Honig seiner Bienen, den braunen Zucker auf dem selbstgebackenen Apfelkuchen.

Um dieser Dichte, um dieser Macht willen, die Seele mühelos bis in ihre feinsten Fasern zu erwecken und, scheinbar ohne sie zu berühren, ihre letzten Winkel auszuleuchten und unsere kleinsten Äderchen zu schwellen, darum, Rainer, glaube ich, beneidetest du die Musik so sehr.

Einmal habe ich Musik auf ähnliche Weise erlebt. Es war am Tag von Sonjas Beerdigung in der armenischen Kirche in Paris. Alle Abschiede, alle künftigen Tode, alle Züge dieser Welt kehrten wieder. All dies war in meiner Seele enthalten, das Fläschchen, das Sonja meinem Sohn gegeben hatte, Michel, sein Vater, mit all seinen guten und bösen Momenten, wie das Salz des Ozeans in unserm

Blut enthalten ist, in diesem Gott, den du in den *Elegien* besingst. Sie enthielt auch den Moment, da ich dieses Kind empfing. All das gelingt der Musik, der glücklichen.

»Ich vergesse nichts«, hat Fenosa neulich zu mir gesagt. Ich erwiderte ihm: »Siehst du, wie sehr du dauern möchtest? . . .« Er zeigte auf das obere Ende seines Rückgrats: »Nicht ich, vielleicht meine Vorfahren . . .«

Mit Vornamen heißt Fenosa Appel'les. Durch diese Silben geht ein Hauch, ein Luftzug, wie er die Blätter bewegt, und eine Bewegung wie die, die jeder Muschel ihre einzigartige Prägung verleiht. Ich liebe den Luftzug, diese Silben – *Appel'les* – aber vor allem wünschte ich, so starke Ketten erfinden zu können, daß sie fähig wären, ihn auf der Erde zurückzuhalten, damit er nicht weggeht, damit er noch bleibt, lange bleibt. Zum Glück gibt es noch so viele lebendige Wesen auf dieser Erde.

An jenem Abend, nachdem Fenosa und ich Suppe gegessen hatten, ging ich mit einem Drei-Liter-Krug zum Brunnen gleich unterhalb von Fenosas Haus.

Es ist Sommer, wir sind in Spanien, nicht weit vom Strand. Es sind Leute am Brunnen, eine dreiköpfige Familie mit sechs Plastikbehältern für jeweils zehn Liter. Ich warte mit meinem kleinen Gefäß im Arm. Gut, der erste Kanister ist voll. Ich warte ab, bin neugierig, was jetzt geschieht. Der Mann ergreift sogleich den zweiten, um ihn unter den Hahn zu stellen. Da schiebe ich sanft den Kanister beiseite und lasse dafür meine drei Liter einlaufen. Lächelnd sehe ich dem Trio mit seinen sechs Kanistern ins Gesicht. Mein Krug ist voll.

Ich will keine Bilder mehr, ich beobachte die Gesten. Die Welt besteht aus nichts als Gesten. Die Welt besteht daraus, daß wir einander mit unserem Wollen im Weg sind. Den Willen nicht durchsetzen und trotzdem Wasser haben, das ist Anmut, das ist Fenosa, und das ist Musik.

Wir sind in die Welt geworfen. Wir haben keine andre Wahl, als darin zu leben, als uns mit unserem Schicksal einzulassen, mit seinen wechselnden Figuren, mit dem Anderen, mit der Vielgestaltigkeit des Anderen, all den Masken, die wir tragen müssen, um voranzukommen.

Das »Objekt«, wie es die psychoanalytische Terminologie nennt, so warm, wenn es auf uns zukommt, so kalt wie das Grab, wenn es sich entfernt, seine Fähigkeit, hin und her zu pendeln zwischen dem, was unsre Mitte ist, und deren Gegenteil – dem Harten, Unorganischen, dem unwiderruflich Anderen – dieses »Objekt« ist kein bloßer Begriff für mich. Es hat Gesicht, Körper, Bekleidung. Es hat seine Jahreszeiten, geht weg und kehrt zurück. Ich habe es Lou zu verdanken, daß »Schmerz« eine neue Bedeutung bekommen hat: nicht etwa, weil es mir nicht mehr weh tut, sondern weil ich jetzt weiß, daß das Objekt, der Gegenstand, der uns Schmerz zufügt, nur das Bruchstück einer absoluten Abwesenheit ist, ein Zeichen der unwiderruflichen Zerrissenheit, mit der wir auf die Welt kommen.

Ich betrachte Nicole, Fenosas Frau, ich sehe ihr zu, wie sie beim Abendessen dem von der Anstrengung des Lebens erschöpften Fenosa den Rest des Joghurts mit dem Löffel gibt. Sie tut es so selbstverständlich, – eine mütterliche Geste von ihr, die keine Kinder hat. Da verstehe ich dein Wort von der »strengen Mütterlichkeit des Seins«.

Die Psychoanalyse ist im Westen zu einer bürgerlichen Beschäftigung geworden, ganz wie das Leben in Gott, die katholische Religion. Eine Art »unvergleichliche Krankenversicherung«, zur Heilung unserer Seele bestimmt. Das erkanntest du bereits an den ersten Schritten der Psychoanalyse und lehntest sie für dich ab. Du meintest, die Analyse brächte so etwas wie eine »desinfizierte Seele« hervor, »rot korrigiert, wie die Seite in einem Schulheft«. Gibt es einen natürlicheren Wunsch, als unsere bösen Geister, unsere Drachen zu vertreiben? Aber die Engel, sagst du, würden vielleicht mitvertrieben. Briefträger oder Landarzt werden: das wäre wohl eine Möglichkeit, ohne die Engel auszukommen. Ihre Gesellschaft aufzugeben würde bedeuten, niemals mehr danach zu trachten, »Unsagbares zu sagen«, nicht mehr du zu sein, sondern jemand anderes mit einer rot korrigierten Seele.

Dämonen und Engel leben beide in uns und nicht gerade einträchtig. Die Teufel für uns einnehmen, das Schreckliche entwaffnen, beides in unser künstlerisches Universum hineinnehmen, darin sahst du deine Rettung. Da kann ich dir ohne weiteres folgen, darin sehe ich den Sinn all unserer Arbeit. An Gebsattel schriebst du einmal, du wünschtest »... keinerlei Änderung ... keinen Eingriff von außen, keine Erleichterung, es sei denn die im Überstehen und in der endlichen Leistung«. Und etwas weiter: »Ich glaube, ich werde da von einem Mal zum andern in der Lage Sindbads, des Seefahrers sein, der in den Verhängnissen seiner Nöte alles Reisen abschwor und dann doch immer wieder eines Tages rüstete und aufbrach, er wußte nicht wie.«

Wenn ich vom Narzißmus ausgehe – diesem Begriff, der durch den Briefwechsel zwischen Lou und Rainer für mich Gestalt gewonnen hat –, dann bin ich zu glauben geneigt, daß dies der Kern unseres Seelenlebens ist, der durch seine Ladung, seine potentielle Energie die Voraussetzung für das Schicksal und die Liebe jedes einzelnen ist.

Jetzt, während ich diese Seiten schreibe, in San-Vicente, einem kleinen Dorf auf einem Hügel, jetzt, da der Jasmin blüht und die Sonne untergeht, erlebe ich noch einmal den Augenblick, als Fenosa zu mir sagte: »Du darfst nicht aufgeben ... was du da schreibst, sind Tonnen und aber Tonnen Liebe, die du in dir angehäuft hast.«

Die Wirkung dieser Worte war merkwürdig. Es kommt nicht oft vor, daß jemand einem so etwas sagt. Die Leute sind zerstreut, haben ihre Sorgen, mit denen sie tagaus, tagein leben. Auch Fenosa hat seine Sorgen: wie die Schritte besser setzen, um von der Palme auf der Terrasse zur Küche zu gelangen, wie den Löffel zum Mund bringen, ohne dabei eins der drei Bohnenstückchen fallen zu lassen, wie unter möglichst geringer Anstrengung die Lungen mit Luft füllen? Wie ähnlich sind doch Ankunft und Abschied des Menschen auf dieser Welt. Die nächste Hand zu fassen, die Anstrengung des Saugens, den Kopf aufrecht zu halten und endlich die ersten Schritte zu machen – was für eine Anstrengung bedeutet das für so ein kleines Geschöpf!

Rilke sagte einmal, man solle die Sorgen nicht zu stark abnutzen, sondern sie frisch halten, durchlüften lassen, denn die abgenutzten Sorgen seien die haltbarsten. Es gibt Hauptsorgen in unserm Leben: lieben, hoffen, glauben. Diesen müssen wir die größte Aufmerksamkeit schenken. Warum neigen wir nur so sehr dazu, uns in Nichtigkeiten, in kleinen Ablegern der großen Sorgen zu verlieren und uns von ihnen aufzehren zu lassen?

Wenn ich sehe, wie Fenosa sein zur Neige gehendes Leben lebt, dann glaube ich, man kann ein Kriterium für unsre Lebensbefähigung aufstellen. Ich meine ein gewisses Gleichgewicht zwischen den großen und kleinen Sorgen. Nun ist es mehr denn je die Sorge um den Körper, der schlichte Sauerstoffmangel, der mit Hilfe einer Flasche kompensiert werden muß. Dieser lebensnotwendige Akt und der Mangel, den er behebt, zeigen deutlicher als je zuvor – auf einer hohen Abstraktionsebene –, woraus Fenosas Kunst gemacht ist, die seine große Sorge ist. Obgleich seine Hand, wenn sie einen Löffel zum Mund führt, mehr und mehr zittert, wird das, was aus seinen

Bildhauerhänden hervorgeht, immer bestimmter. Eine Sorge, zwei Sorgen ... wie der erste Abzählreim, den ich meinem Sohn vorsang: *Ainsi font font font les petites marionnettes: trois petits tours et puis s'en vont.* Wo gehn die kleinen Puppen hin? Was wird aus den Drehungen, den Sorgen, den Gesten bei Fenosa? Sie verwandeln sich in Lehm, seine Sorgen, da hinein sind sie entwichen, als hätte er der Natur einen Streich gespielt, als hätte er quasi hinter seinem Rücken seinem Lebenssinn ein Zeichen gegeben: seine Skulpturen. Fenosas Körper erhält sich überhaupt nur deshalb auf so wunderbare Weise, weil seine Sorgen frisch bleiben und nicht drinnen verderben, sondern eine andere Gestalt annehmen, sich verwandeln. So erneuern sie sich beständig, bleiben lebendig und können ihn ihrerseits unterstützen und trösten.

Ja, die Künstler sind im allgemeinen die symbolischsten Menschen. Ein Werk schaffen, etwas hervorbringen, das ist sozusagen die Krone unseres vielfältigen »Tuns« und entspringt unmittelbar dem Zentrum unseres Seelenlebens, unserem narzißtischen Kern. Da das künstlerische Schaffen beständig aus dieser Quelle des Lebens schöpft, schält es gleichsam aus dem Körperlichen den fruchtbaren Kern heraus, der im Werk zu mannigfaltiger Ausgestaltung kommt. In einem Vers des jungen Hofmannsthal heißt es: »Fürchterlich ist diese Kunst! Ich spinn aus dem Leib mir den Faden. Und dieser Faden zugleich ist auch mein Weg durch die Luft.«

In der Art, wie die Traumtätigkeit Gestalten unglaublicher Objektivität hervorbringt und unsere Tiefenlandschaft ausleuchtet, während die bewußten Instanzen unsres Ichs sich enthalten, weist sie eine gewisse Ähnlichkeit mit dem künstlerischen Schaffen auf. Und auch darin, wie der Traum den vielfältigsten, heimlichsten Ansprüchen genügt, gleicht er dem, was den Künstler zur Gestaltung treibt. Beim Künstler ist die Notwendigkeit, schöpferisch tätig zu sein, in der narzißtischen Identifikation angelegt und berührt den innersten Bereich seines Wesens, das, worin er immer Kind bleibt. »Gedächtnis haben wir«, schreibt Lou, »aber Erinnerung sind wir.« Und in demselben Sinne schrieb Rilke nach den *Elegien* an Merline, er sei kein »Autor«, der Bücher »mache«!

Natürlich geht es Rilke nicht darum, Bücher zu produzieren. An Benvenuta schreibt er über sein Werk: ». . . meine Bücher sind Fernrohre; sieht einer hinein, da fliegt ihm allerhand durchs Gesicht: Himmel, Wolken, Dinge, Erscheinungen, was weiß er, alles in einer kühnen tiefen Offenheit schwebend, einzelner und gültiger, als ers gewohnt ist, schön, schön . . . aber alles das bin nicht Ich . . . sieh gut hinein in das gerichtete Rohr, dort ein kleiner, kleiner lichter Punkt, hast Du ihn? – Das ist mein Herz, man kanns nicht erkennen. Ach meine Schwester, ist es ein Haus? Ist es nur eine helle starre Stelle im Gestein? Blind hinüberblinkend aus dem glücklichen Grün einer ringsum beschäftigten Natur.«

Wenn ich bei dem, was ich hier tue, überhaupt von Arbeit sprechen kann, dann bestand sie darin, dieses unsichtbare Teleskop scharf zu stellen, um jenes letzte Objekt deiner Kunst erfassen zu können – Gott –, dieses Ding der Dinge, das Diffuseste und Härteste zugleich, Staub und Stern, Nähe und Ferne, Gegenwart und Zukunft, das Vertrauteste und das wirklich »Andere«. In meiner Anstrengung, mich dir zu nähern, ähnle ich dem Mönch deines *Stundenbuchs*. »Vielleicht daß ich durch schwere Berge gehe in harten Adern, wie ein Erz allein; und bin so tief, daß ich kein Ende sehe und keine Ferne: alles würde Nähe, und alle Nähe wurde Stein.« Wie wenig fühle ich mich bei dieser Arbeit als »Kritiker«! Wenn es um das Verständnis deines Universums geht, da hilft keine Methode, kein System!

In jungen Jahren warst du so darauf bedacht, dir eine Ahnenreihe zuzulegen, um die Wurzeln deines Stammbaums zu finden: Ritter, Krieger, Gutsbesitzer. In späteren Jahren hast du davon abgelassen. Du kannst deine Herkunft auf keine bestimmte Familie zurückführen, aber auf jenes namenlose Herz eines ganzen Geschlechts in uns. In einer russischen Ausgabe deiner Werke habe ich etwas Merkwürdiges entdeckt: dein Familienname soll auf die slawische Wurzel »пыть« zurückgehen, was »graben« heißt. Ich glaube, das wußtest du nicht.

Graben, auf den Grund gehen, tauchen, immer tiefer: du warst Maulwurf, Totengräber, Taucher. Du warst aber auch Astronaut vor der Zeit, Astronom und manchmal Engel, dieser fast »unsterbliche Vogel der Seele«. Und welch ein kundiger Geograph jenes »Zwischenlands«, unsres Leids, welch ein Geschichtsschreiber der Seele! Wenn du in die Tiefe tauchtest, kamst du nicht bloß mit einem kleinen Ausschnitt zurück, wie Lou von der Erforschung des Unbewußten, sondern die Arme mit Schätzen beladen.

»Border un enfant dans son lit,
fermer cette lettre de vie
qui arrivera ce soir.
On la lira en compagnie,
ce qu'elle contient sera dit
à haute voix dans le noir . . .
sera dit, sera répété
par de profonds échos,
comme dans de l'eau reflété
et peut-être compris trop tôt.«

Nicht zu früh, Rainer, nichts geschieht bei dir verfrüht. Schau, was mußte ich nicht alles tun, um diesen Vers aufnehmen zu können, den du ein paar Monate vor deinem Tod in dein Notizbuch geschrieben hattest. Aufnehmen, empfangen ist ebenso schwierig wie geben.

Ein Dr. Simenauer, ein »Rilkekundler«, hat kurz nach deinem Tod ein dickes Buch über dich verfaßt, und macht folgende Faktoren in deiner seelischen Konstitution und in deinem Werk aus: eine vor allem masochistisch gewendete orale und anale Sexualstruktur, die Unfähigkeit zur Objektliebe, die narzißtische Liebeswahl, eine Todesneigung, Freude an Exhibitionismus und Voyeurismus, das Doppelgängermotiv und die brüderliche Liebe und schließlich homosexuelle Neigungen. Vielen Dank, Herr Doktor! Keine psychiatrische Anstalt könnte heutzutage eine perfektere Karteikarte anlegen.

Ich zitiere diese »Seelendiagnose«, weil sie mir als Sprungbrett dient für das, was ich sagen möchte.

Ich betreibe auf diesen Seiten keine »Kritik«. Es interessiert mich nicht, ob und inwiefern Rilke in einem »analen« oder »oralen« Stadium stehengeblieben ist, oder warum er als »unsozial« oder »unpolitisch« gelten könnte. Ich versuche ganz einfach, Rilke als Rilke zu verstehen, mich seiner Erfahrung im Lichte meiner eigenen so weit wie möglich anzunähern, zu zeigen, worin sein Leben für mich beispielhaft war, warum es mir zu leben hilft.

Rilkes Weltsicht ist nicht gerade »optimistisch« zu nennen. Seine Hoffnung gründete nicht in von außen kommenden Idealen, in Revolutionen, institutionellen Veränderungen oder gar Ideologien. Für Rilke ist die Freiheit nicht außerhalb zu finden. Er versteht sie als »bewegtes, steigendes, mit der Menschenseele sich wandelndes, wachsendes Gesetz. Unsre Gesetze ... sind zurückgeblieben, während das Leben lief. Man hat sie zurückgehalten, aus Geiz, aus Habgier, aus Eigennutz; aber vor allem: aus Angst. Man wollte sie nicht mit auf den Wellen haben in Sturm und Schiffbruch ...« Sie bleiben am Strand zurück, wissen nichts von uns und unserem tiefsten Wesen. »Das ist unsre Not: daß wir Gesetze haben aus Stein ... keine von den tausend neuen Bewegungen unseres Blutes pflanzt sich in ihnen fort; unser Leben besteht nicht für sie; und die Wärme aller Herzen reicht nicht aus, einen Schimmer von Grün auf ihren kalten Oberflächen hervorzurufen. Wir schreien nach dem neuen Gesetz. Nach einem Gesetz, das Tag und Nacht bei uns bleibt und das wir erkannt und befruchtet haben wie ein Weib. Aber es kommt keiner, der solches Gesetz uns geben kann; es ist über die Kraft.«

Was Rilke über die steinernen Gesetze sagt, trifft sich mit Lous Auffassung vom Schicksal des Narzißmus. Die Verdrängung, die in unserem Seelenleben eine so große Rolle spielt und einen unserer Abwehrmechanismen darstellt, besitzt auch jene versteinernde Kraft, die uns zu »Masken« macht. Ich frage mich, ob dieser Mechanismus nicht zu unserer Verstandestätigkeit gehört, ob er nicht diesen steinernen Gesetzen zugrunde liegt, die sowohl in uns selbst als auch im gesellschaftlichen Leben eine Rolle spielen.

Daß ein Mensch wie Rilke mich in vorgerücktem Lebensalter so ganz und gar einnehmen kann, hängt wohl mit einer allgemeineren Frage zusammen: Was sind wir, woher kommen wir? Was geht im Herzen eines Menschen vor? Was wird aus unsrer Seele, aus den grünen Trieben unsrer Seele? Die Institutionen verändern sich, die Ideale verbrauchen sich. Jetzt, da dieses Jahrhundert zu Ende geht, wird der dritte Akt des Schauspiels im Zeitraffer gespielt. Die Literatur, die seit je der privilegierte Raum unserer Seelenabenteuer war, droht von den Medien vereinnahmt zu werden oder ist nur noch ein Beweisstück, das der Prozeßakte der Geschichte angeheftet wird.

Es hat keinen Sinn, mit dem Verfasser des Vorworts der letzten französischen Rilkeausgabe über die beiläufige Bemerkung zu diskutieren, daß Rilkes Aussagen gegenwärtig angeblich »an Überzeugungskraft verlieren«. Ebenso unnötig ist es, sich mit Doktor Simenauers Diagnose des »Falls« Rilke aufzuhalten, obwohl diese beispielhaft zeigt, wie die berühmte Vernunft dazu benutzt wird, um ins lebendige Fleisch zu schneiden.

Wozu Kritik? Alle fallen sie auf die Knie und bitten um Kritik. Schwierig, sie nicht zu verstehen, nicht wahr, Rainer? Die Bitte um Kritik ist der Bitte um Liebe verwandt. Am 15. Januar 1925 schriebst du an Jules Supervielle: »Lesen Sie Kritiken? Ich mußte an Sie denken, als ich diese in der ›Gazette de Lausanne‹ fand, und ich lege sie Ihnen für alle Fälle bei. Was mich anbetrifft, so ignoriere ich seit über zwanzig Jahren diese professionellen Reaktionen rundherum. Schon früh hielt ich es für unnötig, daß mir bei vollem Bewußtsein alle meine Farben von innen gespiegelt werden. Allerdings halte ich Sie des nötigen Vergessens für fähig, wie Sie auch in Ihrer Kunst die Stärke grenzenlosen Erinnerns beweisen.«

Lange vor Valmont wußtest du bereits, daß die Dinge nicht so zu nehmen oder zu sagen sind, wie es die Kritik will. Freude und Leid sind in einer Region angesiedelt, zu der die Sprache keinen Zugang hat. Und trifft es nicht zu, daß die Kunstwerke, diese geheimnisvollen Wesen, unaussprechlicher als alles sind? Ihr Leben hört nie auf und begleitet das unsrige, das vergänglich ist. Wie einsam sind Fenosas bronzene Frauengestalten, auch wenn sie gut sichtbar aufgestellt sind, wie im Garten unweit der Palme. Nichts ist fataler, als sich ihrer mittels Kritik zu nähern.

Nur Liebe kommt ihnen nahe, bewahrt sie und wird ihnen gerecht.

Gegenüber Lou empfinde ich eine tiefe Dankbarkeit. Mit ihrer Hilfe gingen mir die Augen über deine Dichtung auf, über den Grund, in dem sie wurzelt. Dein »Sagen« bringt in angemessenster Weise zum Ausdruck, was Sprache ursprünglich war: magische Formel, Beschwörung des Lebens, um es aus den tiefsten, noch unerforschten Abgründen hervortreten zu lassen. Deine Poesie entsteht in jener Region, wo das erste Gebet sich mit den Urkräften zu vereinigen trachtet. Sie ist die Anrufung der Ferne, damit sie Nähe wird. Lou schreibt dir, nachdem die *Elegien* vollendet sind: »... was Du erlebst, sind letzte Dinge, Bestätigungen, zu denen nur hie und da der Daseinsstoff sich so zusammenfaßt, daß man sie sieht, deshalb kannst du so oft nicht leben.«

Um mit unsrer tiefsten Schicht, dem größten Geheimnis in uns, dem narzißtischen Kern in Berührung zu kommen, müssen wir uns von all den sogenannten »menschlichen Dingen« befreien, dürfen nicht mehr von den verschiedensten – allen voran den körperlichen – Sorgen gestört, gequält, zerstreut werden. In gewisser Weise heißt das: so arm wie möglich werden. Bei Rilke bedeutet Armut eher einen Zustand der Aufnahmefähigkeit, des Bereitseins. Sein ganzes Leben lang kämpfte er um diese Bereitschaft. Deshalb war er von Bonsels Wort ergriffen, »daß keiner je mehr erreicht habe, als Äußerstes, als die ›Bereitschaft‹ ... denn sie ist wie die Entstehung eines Kristalls abhängig von den entferntesten Einflüssen, die uns nur erreichen, wenn wir in der Konstellation stehen und unverschoben von Zufall, Willkür, Begier oder Widerstand!« In dieser Notwendigkeit bereit zu sein, bereit zu empfangen, sah Rilke die »alte Nebenbuhlerschaft zwischen Kunst und Leben«. Sie erreichte in ihm einen

Höhepunkt, sagt Lou, denn er versuchte, das Unsagbare zum Sprechen zu bringen. Das künstlerische Schaffen neigte bei ihm dazu, sich organischer, inniger mit dem Leben selbst – für jeden von uns bereits ein Werk an sich – zu vermischen.

Wie läßt sich Erfahrung definieren, ihre Intensität, die Gabe, sie für andere sichtbar zu machen? Ein Mandelstam, eine Achmatowa, ein Grossman oder Pasternak, hatten sie Zugang zu einer reicheren Erfahrung als Rilke? War sie deshalb reicher, weil das Schicksal ihnen Schwereres aufgebürdet hatte? Weil das, was zu Rilkes Zeiten bloß als Keim da war, sich ihren Augen und Herzen lesbarer, vollendeter darbot? Ich spreche von den geschichtlichen Grundlinien unseres Jahrhunderts. Ebenso könnte man sich fragen, ob Mandelstam, der in Wladiwostok in einem Durchgangslager zu Tode kam, mehr litt als Rilke, der in einer Schweizer Klinik von aufmerksamster Pflege umgeben starb. Gibt es ein Instrument, so objektiv wie ein Thermometer, das die Licht- und Schattenzonen unsrer Seele, ihre Höhen und Tiefen messen könnte? Gibt es ein solches Instrument, das die menschliche Erfahrung auszuloten vermag? Ich würde sagen: ja. Es gibt ein solches Instrument und hat es immer gegeben: die Poesie.

Als ich Fenosa eines Abends in seinem Haus mit der Palme besuchte, lieh er mir ein Buch. Es heißt »Die Naturwissenschaft auf neuen Wegen«. Der Verfasser ist Sir Arthur Eddington, Professor der Astronomie an der Universität Cambridge. In den dreißiger Jahren war Fenosa in einer Pariser Buchhandlung darauf gestoßen. Seitdem hat ihn dieses Buch nicht mehr verlassen. Fenosa war damals ohne Zuhause, kam und ging unter Freunden oder kam zufällig bei Leuten unter. Oft bestand sein einziges Gepäck aus einem Hemd und ein paar Büchern. Sir Eddingtons Buch trug er immer bei sich. Gegenwärtig logiert es in dem kleinen Haus in San-Vicente, in dem ich arbeite, und ohne Zweifel hat es mein Verständnis für so manche Dinge, die mich bei Rilke beschäftigen, erweitert.

»Denn ein Stern übertrifft den andern nach der Klarheit«, so heißt es im Neuen Testament. Aber heute hat sich, wie Sir Eddington fortfährt, ihr Glanz »in eine Zeigerablesung an einer irdischen Stoppuhr verwandelt«. Mit den Sternen mag das angehen, was unsre Seelen betrifft, so scheint es komplizierter zu sein. Es ist interessant, daß die Themen, die zwischen Rainer und Lou zur Sprache kommen, zeitlich mit dem großen Angriff auf die Vernunft zusammenfallen, und zwar im Bereich der sogenannten Natur, die von der Seele und ihren Projektionen doch angeblich völlig unabhängig ist. Ich spreche von der wissenschaftlichen Objektivität, von dem, was bislang noch meßbar und experimentell beweisbar war.

Der Vernichtungssturm zu Beginn dieses Jahrhunderts hat auch die letzte Zuflucht der Vernunft erfaßt: die Physik. Je tiefer wir in die mikroskopische Welt, ins Atom, eindrangen, um so mehr weiteten sich die neuen Entfernungen und Dimensionen aus, gaben gleichsam nach. Die Realitäten, die wir faßbar, registrierbar, meßbar glaubten, entzogen sich plötzlich unserm Zugriff. Was ehedem als Chimäre abgetan wurde, drängte sich nun als Sachverhalt auf. Neue Kräfte und Wirkungen traten auf, die eher Geist als Materie zu sein schienen, denn sie verflüchtigten sich und konnten nicht mit dem Thermometer gemessen oder im Destillierkolben festgehalten werden. Die einst so triumphierende Wissenschaft, die so viele Beweise erbracht hatte, mußte sich wieder ein bescheidenes Aussehen geben. Was aber bedeutet das?

Sir Eddington stellt den Sachverhalt sehr treffend dar, wenn er vom »Beobachter« spricht. Das ist »jener Mann, der gewohnheitsmäßig in einem Aufzug herabfällt oder mit einer Geschwindigkeit von 300 000 km in der Sekunde mit einem Flugzeug einhersaust. Er hat ein Auge, sein einziges Sinnesorgan, und das ist farbenblind. Er kann nichts unterscheiden als nur zwei Schattierungen von Licht und Dunkelheit, so daß die Welt für ihn einer Schwarzweißzeichnung gleicht. Der empfindliche Teil seiner Netzhaut ist so eng begrenzt, daß er nur in einer Richtung gleichzeitig sehen kann.«

Durch die weitgehende Abschaffung aller übrigen Sinneswahrnehmungen hat sich unser »Beobachtungsmaterial auf Zeigerablesen oder, allgemeiner gesagt, auf Koinzidenzen beschränkt. Einsteins Relativitätstheorie gründete sich auf den Grundsatz, daß beobachtbare Gegebenheiten stets durch Koinzidenzen beschrieben werden können, oder ... durch ›Schnittpunkte von Weltlinien‹. Offenbar muß jeder Schluß, den wir ziehen, jede Struktur, die wir der Außenwelt zuschreiben, derart beschaffen sein, daß sie invariant ist, d. h. unabhängig von jeglichen Veränderungen, die wir an unserm Bilde vornehmen ...« Diese Feststellung prekärer Realitäten in der Welt der Teilchen hat für mich viel Ähnlichkeit mit dem, was Rilke auf den Seiten der *Elegien* beschäftigt.

Um das im einzelnen zeigen zu können, bräuchte ich ein zweites Leben. Doch die *Elegien* werden bleiben, und wir werden immer mehr über das Verhalten des unsichtbar Gewordenen, des nur noch mikroskopisch Wahrnehmbaren erfahren. Eines Tages werden wir sie in Raum und Zeit vereinbaren können: unser Seelenleben und das extravagante Verhalten der Teilchen.

Vielleicht läßt sich das, was ich meine, ganz einfach zusammenfassen. Rilke hat uns als Dichter die unsichtbare Welt in Bildern gegeben, jene Welt, die den Physikern so fremd und neu erschienen war, nachdem sie es bislang mit so vertrauten Dingen zu tun gehabt hatten wie Stab,

Stein oder Stern. Rilke sah, daß sie an derselben Energie teilhaben – unsere Seelen, die Sterne oder auch die Stäbe.

Eines ist mir klar, Rainer Maria Rilke steht im Schnittpunkt zweier Entwicklungen: da wo die Erforschung unseres Seelenlebens, wie es im Lichte des Freudschen Unbewußten erscheint, und die neuen Gesetze, die im Bereich der mikroskopischen Teilchen entdeckt werden, zusammentreffen. An dieser Stelle entstanden die *Elegien*, und daher erklärt sich ihr Sinn. »Nun denke«, heißt es bei Jakob Böhme, »wovon kommt aber die Tinktur, darinnen das edle Leben aufgehet, daß aus Herbe, Bitter und Feuer Süße wird? So wirst du ja keine andere Ursache finden als das Licht. Wovon kommt aber das Licht, daß es in einem finstern Körper scheinet? Willst du sagen: vom Glast der Sonne? Was scheinet denn in der Nacht und leitet dir deine Sinne und Verstand, daß du auch mit zugedrückten Augen siehest und weißt, was du tust?«

In einem Brief an Lou zitiert Rilke aus dem *Stundenbuch*: »Armut ist ein großer Glanz aus Innen.« Es erforderte einige Zeit, bis ich mir diese und ähnliche an der Grenze des Verständlichen liegende Formulierungen zu eigen machen konnte. Und dieses Zueigenmachen ist nichts andres als »erfahren«: verstehen, zusammennehmen, mit andern teilen, also Erfahrung wörtlich nehmen.

Ich denke an die Größenordnung der Sterne, an das, was unseren dunklen, »finstern Körper« mit Glanz erfüllt; ich denke an diese Frau, daran, was in ihr vorgeht, sobald sie die Schwelle zur Gaskammer überschritten hat, und was Grossman uns in seinem Buch *Leben und Schicksal* so unglaublich nahebringt. Den »idealen Beobachter« aus der Einsteinschen Theorie erwähne ich hier nicht der Schönheit halber. Dieses Jahrhundert hat uns eine Unzahl von Analogien gegeben, und zwar im statistischen Sinn. Das Gesetz der großen Zahl bricht über unsere Erfahrung herein, und es reicht von den »Kammern«, in denen man Elektronen aufeinanderjagt, um sie von ihrer Bahn abzubringen, bis zu den »Gaskammern«, in denen man Menschen sammelt, um sie zu Tode zu bringen.

Ist es nicht so, Rainer, daß der Wissenschaftler, der in einem immer unsichtbarer werdenden Raum die Teilchen beobachtet, und Vassili Grossman, der das Ende der Juden beschreibt, die gewaltsam in einer Gaskammer zusammengetrieben worden sind – und zwar von Menschen, die deine Sprache sprechen, nämlich Deutsch –, meinst du nicht auch, daß du, Grossman oder ich, die das hier schreibt, daß wir von demselben Licht herkommen, von dem auch Böhme spricht und das ewig unsagbar bleibt?

Vassili Grossman war selber nie in einer Gaskammer, sonst wäre er nicht mehr am Leben und könnte nicht sagen, was diese Frauen, Kinder und Männer erlebten.

»In diesem Augenblick«, berichtet er, »griff der Leiter des Sonderkommandos, während er an seiner Zigarre zog, zum Telephonhörer: der Magazinverwalter belud einen motorbetriebenen Karren mit den Metallbüchsen, die das Zyklon B enthielten und deren rote Etiketten an Marmeladentöpfe erinnerten; der Verantwortliche des Sonderkommandos wartete auf das Signal einer roten Lampe. Und sobald die rote Lampe aufleuchtete, strömte das Zyklon B in das Untergeschoß aus Beton, und die Menschen starben.«

Ich lese immer weniger Bücher und ich lese immer mehr in den Büchern. *Leben und Schicksal* von Grossman fiel mir in die Hände, als ich gerade damit beschäftigt war, das Material für dieses Buch über dich zu ordnen. Nachdem ich den dicken Band gelesen hatte, fragte ich mich im Lichte deiner Forderungen: Warum erscheint mir dieses Buch so kostbar? Wie kommt es, daß es in seiner Bedeutung weit über die Person des Autors hinausgeht;

und wie kommt es, daß ein Buch, das so viele individuelle Schicksale verfolgt, die alle in den großen Strom der Geschichte münden, schließlich in seinem Gehalt weit über das Geschichtliche hinausgeht und selbst geeignet ist, die unberechenbare Zeit zu ergründen?

Aus diesen Zeilen erhebt sich keine Stimme, die sagt: »Ich fühle, ich leide, seht wie ich empfinde und wie ich darunter leide.« Nein. Die Stimme, eine solche Stimme enthält sich, um nur zu sagen: »Das ist.«

Das wichtigste Credo deiner Kunst kommt hier zum Tragen. Wenn ich mich auf diesen Seiten gehenlassen wollte, dann würde ich dich unablässig zitieren. Kein menschliches Sagen ist betörender als das deine. Aber wenn ich das täte, würde ich den Faden verlieren, meinen Faden in bezug auf deinen Gegenstand.

Unser Jahrhundert hat die Gewalt aller Art, die die Welt im ontologischen Sinne auf uns ausübt, zu einem ungeheuren Ausmaß getrieben, das zum Himmel schreit. Das massenhafte Sterben im Hôtel Dieu in Paris, das Malte am Beginn unseres Jahrhunderts so sehr beeindruckte, dieser kollektive Tod erreicht bei Grossman als Tod in der Gaskammer eine in der Geschichte nie zuvor erreichte »wissenschaftliche« Grausamkeit. Bei dem, was da so schamhaft »Kammer« genannt wird, fehlt kein Glied in der Kette. Alle legen sie Hand an bei der Exekution: die, welche an der Ideologie gearbeitet haben, so daß dieser Tod unabdingbar wurde, die, welche um eines ertragreicheren Todes willen die technischen Vorrichtungen perfektioniert haben, und selbst jenes Individuum, das damit beauftragt war, den Todeskampf der Menschen durch eine Luke in der Wand zu überwachen, damit von der kostbaren todbringenden Substanz nichts verschwendet und ihr Ausströmen rechtzeitig unterbrochen wurde.

Der Sinn der »ursprünglichen Akkumulation« zu Beginn der kapitalistischen Entwicklung manifestiert sich auch in den Gaskammern, das heißt auch hier kommt das Ökonomische zur Geltung. Das ist aber, würde ich sagen, zweitrangig. Offensichtlich geht die Welt Katastrophen im planetarischen Maßstab entgegen, denen niemand mehr sich entziehen kann, weder Henker noch Gehenkte.

Als der Erste Weltkrieg ausbrach, schrieb Lou an Rilke, daß ihr »etwas seltsam Schauriges« daran aufgegangen sei: »nämlich die volle Stärke des Gefühls, wie Kriegsmord ja nur sein kann, weil wir alle fortwährend Mörder sind an uns selbst und aneinander. Das ist wohl unabwendbar«, fährt sie fort, »doch dadurch ist die Schuld eine ungeheuer gemeinsame, es geht da ein Geschehen durch die Welt, in das wir uns mit hineinzubegeben haben.«

Ein halbes Jahrhundert später und angesichts von Phänomenen ganz anderen Ausmaßes und größerer Subtilität – Hitlers Vernichtungslager, Stalins »Umerziehungslager«, Gaskammern für Juden und Zigeuner – sagt Grossman:

»Sie sind schuldlos. Unbegreifliche bleierne Kräfte trieben sie. Ein millionenfaches Tonnengewicht lastete auf ihnen. Unter den Schuldigen gibt es keine Unschuldigen, du, der Beschuldigte, du, der Staatsanwalt, ich, der an den Beschuldigten, an den Staatsanwalt und den Richter denkt. Aber warum machen wir es uns mit unsrer Zurückweisung so schwer und schämen uns dafür?«

Was sich zu Rilkes Zeiten ausreichend verdichtet hatte, damit die *Elegien* entstehen konnten, was bei Grossman, der selbst bis zum Halse dringesteckt hat, Geschichte im – quantitativ – großen Maßstab geworden ist, das schließt sich, meine ich, auf der Ebene des Menschlichen zusammen. Grossman weist auf einen seltsamen Sachverhalt hin: Wie ist es möglich, daß inmitten der Verluste und

Bedrohungen, einige hundert Kilometer vom umkämpften Stalingrad entfernt, in einem Labor, das mit Cambridge keinerlei Ähnlichkeit hat, im Gehirn eines Physikwissenschaftlers eine Vision entsteht, die zu einem für das Verständnis der mikroskopischen Welt entscheidenden Gesetz führt? Und etwas noch Seltsameres läßt er uns nachvollziehen: wie eine Familie in einem Dorf dem Tode geweiht war, und zwar infolge von Verordnungen, die aus einem Ideal, nämlich dem der Kollektivierung, hervorgegangen waren, und wie es dieser Familie, deren Bindung untereinander unerhört stark war, gelang, den Hunger auszuhalten und zu überwinden und das beinahe Unmögliche zu schaffen.

Ich habe es absichtlich vermieden, meine Erfahrung um Rilke und mit ihm durch Details aus seiner Biographie zu belasten. Ob er nun von dieser oder jener Mutter zur Welt gebracht wurde, daß Prag seine Geburtsstadt war, und anderes mehr – all das wird nie erklären, was Rilke uns geben kann, wer dieses Wesen war, das in einem so hohen Grade die Essenz des Menschlichen gelebt hat. Darin würde Sir Eddington sicher mit mir übereinstimmen, denn selbst wenn wir die ganze Herrlichkeit eines Sterns mit einem irdischen Chronometer messen können, so werden wir doch nie erfahren, woher Herrlichkeit und Größe kommen. Ebensowenig ließe sich die Existenz von Vassili Grossman aus einem deterministischen Gesetz ableiten.

Grossman war während des letzten Weltkriegs Korrespondent des sowjetischen Informationsbüros. In dieser Eigenschaft wurde er Zeuge der Schlacht um Stalingrad. Mit der Sowjetarmee kam er nach Berlin und gehörte der Kommission an, die mit der Betreuung der aus deutschen Konzentrationslagern befreiten Gefangenen beauftragt war. Er, der die unmittelbaren Nachkriegsjahre erlebt hatte und Sohn einer Frau war, die in der Gaskammer umgekommen ist, konnte die antisemitische Kampagne, die 1949 in seinem Land begann, nur mit höchster Bitterkeit betrachten.

Ich könnte eine Menge weiterer Details aus Grossmans Leben aufzählen – von Rilkes Leben ganz zu schweigen, das ich in- und auswendig kenne. Doch vor mir erscheint immer dann ein Warnzeichen, wenn die »Marxsche« oder »Freudsche Sache« – beides Resultate der berühmten, allmächtigen Vernunft – aufhört, noch von irgendeinem Nutzen zu sein, um die Größe solcher Sterne wie Rilke oder Grossman zu ermessen.

Nachdem du Himmel und Erde in Bewegung gesetzt hattest, starbst du in der Klinik von Valmont, und einer deiner letzten Aussprüche galt Lou: »Vielleicht wird die Lou Salomé doch begreifen, woran es gelegen hat . . .«

Du warst mit deiner irdischen Arbeit an einem Punkt angelangt, der mich zweifeln läßt, ob Lou dir eine Antwort hätte geben können. Jede deiner Dichtungen war eine Beschwörung dessen, was uns angesichts der großen Rätsel des Lebens das Herz zusammenschnürt, dessen, was Tag und Nacht in uns hervorquillt, und auch dessen, was zuweilen einen Schrei in uns löst, der sich aus derselben Angst nährt wie bei dir: Woran hat es gelegen . . .?

Der scharfsinnige Sir Eddington würde, wenn er die Rolle eines »idealen Beobachters« der mikroskopischen Welt einnähme, sagen: Es liegt an den Atomen und am Chaos. Es geht um eine Welt von Feuerbällen, die auf ein bedrohliches Schicksal zurollen; es geht um Tensoren und nicht-kommutative Algebra. Den Eingeweihten würde er seitenlange Gleichungen aus der reinen Mathematik vorführen und dann hinzufügen: Ich bin nicht sicher, ob der Mathematiker unsere Welt besser versteht als der Dichter oder der Mystiker. Vielleicht besteht seine einzige Überlegenheit darin, daß er besser rechnen kann.

Siehst du, Rainer, ich sprach von deiner Denkfigur der »Armut«, und ich bin bei den Gaskammern angelangt, und ich komme zurück auf das Stadtgas in meiner Küche, mit dessen Hilfe ich meinem Leben ein freiwilliges Ende setzen wollte.

Was wußte ich über die Tage? Was wußte ich über die Nächte, die die Tage eröffnen und beschließen? Was wußte ich vom Leben der Nachbarn links und rechts, von meinem eigenen Kind, von dem, der mir damals am nächsten stand, von dem Mann, von dem ich dieses Kind empfangen hatte?

Hätte man mir damals die Passage aus dem *Malte* über die Ängste vorgelegt, ich hätte geglaubt, es handelt sich um Science Fiction: »Die Angst, daß ein kleiner Wollfaden, der aus dem Saum der Decke heraussteht, hart sei, hart und scharf wie eine stählerne Nadel; die Angst, daß dieser kleine Knopf meines Nachthemdes größer sei als mein Kopf, groß und schwer; die Angst, daß dieses Krümchen Brot, das jetzt von meinem Bette fällt, gläsern und zerschlagen unten ankommen würde, und die drückende Sorge, daß damit eigentlich alles zerbrochen sei, alles für immer ... die Angst, daß ich mich verraten könnte und alles das sagen, wovor ich mich fürchte, und die Angst, daß ich nichts sagen könnte, weil alles unsagbar ist, – und die anderen Ängste ... die Ängste.«

Meine Geburt, Rainer, erfolgte unter einer günstigen Konstellation, so daß die Ängste, von denen du sprichst, mich lange Zeit nicht heimsuchten. Ich glaube, meine Eltern könnten für das stehen, was an Rußland – deinem Rußland – über alle Wandlungen und Erschütterungen hinweg ewig und unzerstörbar ist: eine charakteristische Herzlichkeit, eine gewisse Unmittelbarkeit des Lebens, eines unverdorbenen, ja vielleicht sogar unkorrumpierbaren Lebens.

Ich habe viel über den Brief nachgedacht, den Lou dir am 9. Juli 1917 anläßlich der russischen Ereignisse schrieb: »Das wissen wir ja gewißlich Beide, daß, was Rußland jetzt tut, nicht viel zu tun hat mit dem, was Revolutionen sonst auch taten; daß auch noch all sein Negieren doch nur wieder eine Art des Regierens seines Gottes ist. Auch wenn es praktisch daran zugrunde gehen sollte, – wie ja leicht Derjenige untergeht, dem das Einssein von Gott und Erde zu tief aufgegangen ist (zu tief für ›*Real*-politik‹!), – so bleibt es doch das russische Land allein welches jetzt lebt und ›siegt‹ für Alle.«

Stets habe ich eine Idealisierung meines Herkunftslandes vermieden. Im übrigen bietet sich das, was dort seit 1917 geschehen ist, auch wenig dazu an! Eins ist mir aber ziemlich klar: was sie hier im Westen auch immer tun werden, was auch immer bei ihrer »sexuellen Revolution« oder »Kulturrevolution« herauskommen mag, sie mögen ökonomische Aufschwünge, Öl- oder sonstige Schocks erleiden, sie mögen sich für dieses oder jenes Ideal begeistern – Moskau, Peking oder Gdansk –, es wird immer nur ein Spiel mit Seifenblasen sein, die sie aus ihrer berühmten Vernunft hervorzaubern.

Rußland, diese großartige Erfahrung einer Volksseele, welche sich die Verwirklichung der von ihren besten Geistern angestrebten Ziele zur Aufgabe gemacht hat, – dieses Land konsumieren sie mit mehr oder weniger Appetit oder werfen es wie einen durchgelaufnen Schuh weg. Für sie ist Rußland bald das Reich der strahlendsten Zukunft, bald ein einziges Konzentrationslager. Stets jedoch zwängen sie die Seele dieses Volkes in armselige Kategorien, um ihre materiellen und geistigen Errungenschaften in um so glänzenderem Licht erscheinen zu lassen. Die Intensität des Geistigen in diesem Volk, die unmittelbarere Beziehung zwischen Geist und russischer Erde, die du, Rainer, sofort erkannt hast und deren Beständigkeit Grossman in *Leben und Schicksal* glänzend dargestellt hat, all das wird im Westen von den meisten als Chimäre abgetan.

Nun wirst du verstehen, warum ich mich immer wieder auf dieses Buch berufe. Der Ort, von dem – geographisch gesprochen – deine Suche ihren Ausgang nimmt, ist für mich – welch ein Zufall – der des Neubeginns. Dieses unsichtbare Etwas, das kleine Fleckchen fruchtbarer Erde zwischen dem harten Felsen und dem Fluß – der Geist –, seine Heimat, unsre gemeinsame Heimat, unser Rußland. Die Substanz, die du verlorst, kehrt jetzt zu dir zurück, in die Welt der Engel, nichts verflüchtigt sich mehr von deinem Wesen, ich aber verliere an Substanz, ich verliere sie mit jedem Atemzug, ich versuche, sie zu ersetzen, ich suche, strauchle, hilf mir, Rainer!

Offenbar sind die Erfahrungen, die aus dem historischen Teil unseres Wesens, aus unserer Lebensgeschichte hervorgehen, ganz verschieden. Für dich, Rainer, waren die Ängste, das ganze Gewebe unserer Daseinsangst, von Kindheit an gegenwärtig. Waren sie nicht die Handwerker, Geburtshelfer, Bürgen für dein im Innersten begründetes Handeln? Jeder Akt war eine Eroberung, ein Sieg über die Ängste, und darin war dein Lebensweg heroisch. Das Wort »Held«, das uns so leicht über die Zunge geht, scheint so wenig zu deinem zerbrechlichen, zarten, ewig jünglingshaften Wesen zu passen. Und wie sehr brauchtest du Lou, wie sehr bewundertest du in ihr »dieses sorglose Vertrauen zu allen Dingen, diese furchtfremde Güte«. Die Aufzählung der Ängste im *Malte* grenzt ans Phantastische, zumal die Angst, du könntest dich verraten, indem du das sagst, und die Angst, es nicht sagen zu können, sozusagen eine Steigerung aller Ängste ins Unendliche bewirkt –, wie lange brauchte ich, um das zu verstehen!

Dein Lebensweg kannte keine »Eingangsstufen«, sofort war der schwierigste Grad erreicht. Ich dagegen hatte eine sehr lange Vorbereitungszeit. Da ich die bewußten Ängste nicht in mir trug, konnte ich sie nur von außen fühlen. Nach meiner behüteten Kindheit in Rußland samt ihrer »Schätze« bin ich nach Frankreich gekommen. Ich habe einen Menschen getroffen, meinen nächsten Nachbarn damals, Michel, den es nach meiner Welt dürstete, einer Welt, deren Kehrseite ich damals noch nicht kannte. Ich lebte wie eine Pflanze, rein aus der Gnade ihres Saftes; ich empfing und gab ohne Einschränkung.

Würde ich deinen »Weltinnenraum« nicht kennen, seine Schichten, die Fähigkeit, Zeit in einen bis zu den Sternen reichenden Raum zu verwandeln, dann wüßte ich nicht, wo ich diesen Lebensabschnitt unterbringen sollte, und ich wüßte auch nicht, wo meine Kindheit, das Rußland meiner Kindheit, mein Regen-Rußland hingekommen ist. Als all das zusammenbrach, als meine Kindheit nicht mehr zu mir sprach, weil nichts mehr zu mir sprach außer dem Leid –, auch da, Rainer, habe ich die Angst noch nicht kennengelernt. Als ich sah, daß ich mich in Stücke und Fetzen auflöste, wollte ich die »Eingangsstufen« überspringen und gleich das größte Kryptogramm unsrer Ängste bewältigen: den Tod. Ich hatte keine Geduld.

Nicht verstandesmäßig begreife ich deine Worte: »Was ist deine leidendste Erfahrung? Ist dir Trinken bitter, werde Wein.« Das ist dein Imperativ, der Pollen deines »inneren Gesetzes«. Dieser Pollen ist lebendig in mir, und ich ziehe meinen Honig daraus, meine Schnitte und Brüche. Weiß auch, daß darin mein Leben liegt. Die Ängste kenne ich noch immer nicht. Gott weiß, warum.

Die Lektion der Angst, Rainer, habe ich tatsächlich übersprungen, dafür bin ich direkt beim Leid angekommen. Die Ängste sind etwas Individuelles, Persönliches, gleichsam durch unsre Körpergrenzen Gegebenes. Sie gehen vom Körper aus, und der ist für jeden einzigartig. Auch die Ladung unseres narzißtischen Kerns, seine Leidens- und Liebesfähigkeit, der Grad seiner Durchlässigkeit, sind einmalig. Das Leid ist anonym, auf seinem Boden sind wir uns nahe, werden wir Menschen. Mit dem Erreichen des Klassenziels hat das nichts zu tun, es sind Jahreszeiten unsres Wesens, die keinem erspart bleiben. Nichts Katholisches, nichts Christliches steckt darin. Das Leid, wie du es verstehst, Rainer, ist nicht das ideale, von göttlicher Vorsehung ersonnene Mittel, unsere Seele zu vervollkommnen. Es ist vielmehr topographischer, geographischer, klimatischer Natur, – ein unentbehrliches Instrument, um die Welt, die Universalität des Lebens zu verstehen. Im Reich des Unsichtbaren deiner *Elegien* behältst du dem Leid ein Land vor, das Land der Klagen, seiner jüngeren Schwestern. Das blinde Leid löst Schreie in uns, mit seinem Gewicht drückt es uns zur Erde, vermischt uns mit ihrer Fäulnis. Doch es weitet auch den Raum, es gebiert Licht aus sich, den wahrhaftigen »Glanz aus Innen«.

Das Leben – oder Gott, das kommt bei dir auf das gleiche heraus – bestimmt die Ladung dieses narzißtischen Kerns. Diese Energie, die sich in keinem periodischen System erfassen läßt, begründet und gestaltet unsere Lebenserfahrung, das heißt die Last, die wir zu tragen haben, die Frucht, die wir in uns zur Reife bringen müssen. Sie entspricht dem, was du »inneres Gesetz« nennst. »Sei«, sagst du, »und wisse zugleich des Nicht-Seins Bedingung, den unendlichen Grund deiner innigen Schwingung, daß du sie völlig vollziehst dieses einzige Mal.«

Allgemein geht man davon aus, daß wir unseren Narzißmus mit Hilfe gesellschaftlich anerkannter Objekte überwinden. Unser phantasierendes, symbolisierendes, sublimierendes Bewußtsein spielt zwischen verschiedenen Identifikationen hin und her – der Liebe zu den uns Nahestehenden, dem Verlangen nach Wahrheit und Gerechtigkeit –, doch bleibt es dabei stets zwischen den beiden Polen, den beiden Richtungen des Narzißmus: der relativen Stabilität des narzißtischen Kerns und seiner beständigen Auflösung.

Lou sieht eine Verwandtschaft zwischen dem Heiligen und dem Künstler in ihrer Überhöhung des Individuellen, des narzißtischen Anteils: »In jenem Grundzustand ... ist es immer, als ob Größenwahn und absolute Abhängigkeit in eins zusammengingen: und dies hat die Frommheit aller Zeiten und Menschen gekennzeichnet.«

In dem Maße, in dem es dem Dichter oder Mystiker möglich ist, durch die Überhöhung der Sinne sich von allem loszulösen, arm zu werden und alles Leibliche zum Schweigen zu bringen, gelingt es ihnen, mit dem Universellen, dem Ozeanischen und Ursprünglichen in Berührung zu kommen. Es ist, als ob sie in der äußeren Konzentration auf sich selber sich überwänden und in das *Ganze* einträten. Tief in sich hineinsehend verschmelzen sie mit dem »Auge der Welt«, werden es selber. Der Ärmste rührt ans Ursprüngliche, der Asket wird sinnlich. Die Armut glänzt, die Flügel, von der Last des Körperlichen erschlafft, beginnen zu vibrieren und schwingen sich zum Flug auf. »Ausgesetzt auf den Bergen des Herzens. Siehe wie klein dort, siehe: die letzte Ortschaft der Worte, und höher, aber wie klein auch, noch das letzte Gehöft von Gefühl.«

Dies doppelte Gesicht, das wir alle in uns tragen – das arme, bescheidene, das durch unsere Körpergrenzen beschränkte, das individuelle Gesicht, und das andre, stolze, das die Züge des ganzen Universums trägt –, wie sehr prägte es Rilkes Leben und Werk! Wie nahe liegen in ihm Armut und Glanz beieinander und wie sichtbar ließ er uns diese Nachbarschaft werden!

Was entdeckt das Herz auf seinen Höhen über der letzten »Ortschaft der Worte«, hinter dem »letzten Gehöft des Gefühls«? Und wie ist dieses Herz beschaffen? Ein Muskel, eine Blutpumpe in einem geschwätzigen, streitbaren Körper, der uns obendrein so reichlich die »psychologischen Nippsachen« – die Gefühle: »meine Wunde, rühr' nicht dran!« – spendet, oder geht es um eine ganz andere Realität, um ein Herz ganz anderer Art, das mehr als bloß den zugefügten Schmerz registriert?

Für Rilke ist das Herz das Organ, das am besten verkörpert, was in uns so machtvoll über das Individuelle hinausdrängt. Das menschliche Herz ist mit dem Herz der Welt in Kontakt, dadurch fühlen wir den Pulsschlag des Universums. Das »in uns niedergeworfene Herz eines ganzen Geschlechts« nennt er es in der *Elegie* an Marina Zwetajewa. In einem anderen Leben wird es mir vielleicht gegeben sein, mehr über Rainer Maria Rilkes Herz zu sagen.

Es ist Herbst, Rainer, die Jahreszeit, wo meine Fristen ablaufen. Im Oktober vor 25 Jahren habe ich Michel geheiratet. Fünfzehn Jahre später, wieder im Oktober, wollte ich für immer gehen. Heiraten wollte ich in einem schwarzen Kleid, gehen wollte ich in Weiß, in einen Mantel gehüllt.

Zum dritten Mal in meinem Leben ist es ein unglaublich schöner Herbst. Das Haus ist verkauft. Die Haselkätzchen haben Nüsse gegeben, der Boden im Garten ist davon bedeckt. Der Regen wird nicht lange auf sich warten lassen.

1980–1985, Sceaux, San-Vicente.

Literatur

Rainer Maria Rilke, *Tagebücher aus der Frühzeit.* Herausgegeben von Ruth Sieber-Rilke und Carl Sieber (1942). Frankfurt am Main 1973 (insbesondere *Das Florenzer Tagebuch* und *Worpsweder Tagebuch*).

Ders., *Sämtliche Werke* in sechs Bänden. Herausgegeben vom Rilke-Archiv. In Verbindung mit Ruth Sieber-Rilke. Frankfurt a. M. 1965.

Ders., *Das Testament,* Frankfurt a. M. 1974.

Ders., *Gedichte 1906–1926,* Wiesbaden 1953.

Ders., *Briefe,* 2 Bde. 1897 bis 1914, 1914 bis 1926, Wiesbaden 1950. Insbes.: Brief v. 11. 8. 1924 an Nora Purtscher Wydenbruck und Brief vom 13. 11. 1925 an Witold v. Hulewitz.

Ders., Marie von Thurn und Taxis, *Briefwechsel,* Wiesbaden 1951.

Ders., Lou Andreas-Salomé, *Briefwechsel,* Frankfurt a. M. 1975.

Ders., *Briefwechsel mit Benvenuta, Eßlingen* 1954.

Ders., *Correspondance avec Merline,* 1920–1926, Zürich 1954.

Ders., *Lettres Milanaises,* 1921–1926, Paris (Plon) 1956.

Lou Andreas-Salomé, *Lebensrückblick,* Frankfurt a. M. 1968.

Dies., *Eintragungen. Letzte Jahre.* Frankfurt a. M. 1982.

Dies., *In der Schule bei Freud,* Zürich 1958.

Dies., Sigmund Freud, *Briefwechsel,* Frankfurt a. M. 1966.

Lou Andreas-Salomé, *Mein Dank an Freud. Offener Brief an Prof. Freud zu seinem 75. Geburtstag.* Internationaler Psychoanalytischer Verlag, 1931.

Dies., Narzißmus als Doppelrichtung in: *Imago* 1921, S. 361 ff.

Heinrich von Kleist, *Über das Marionettentheater,* Frankfurt a. M. 1980.

Jakob Böhme, *Beschreibung der drei Prinzipien göttlichen Wesens,* Bd. III der Gesammelten Werke, Leipzig 1831–1847.

Sir Arthur Eddington, *Die Naturwissenschaft auf neuen Bahnen* (New Pathways in Science), Braunschweig 1935.

Vassili Grossman, *Leben und Schicksal,* Frankfurt, Berlin, Wien 1987.

Erich Simenauer, Rainer Maria Rilke. Legende und Mythos, Bern 1953.

Inhalt

Donald A. Prater

Ein klingendes Glas

Das Leben Rainer Maria Rilkes

Aus dem Englischen von Fred Wagner

768 Seiten mit 16 Abbildungen. Leinen

Praters Biographie ist, allein schon wegen ihrer Materialfülle, nicht nur den älteren Lebensbeschreibungen überlegen, sondern auch noch den meisten Gesamtdarstellungen vorzuziehen, in denen Leben und Werk oft allzu sorglos vermischt wurden.

Eckard Heftrich, Frankfurter Allgemeine Zeitung

Dieses Buch fesselt, weil sein Thema – Rilke – fasziniert. Ein Dichter, authentisch und hautnah.

Helmut Wanner, Mittelbayerische Zeitung

... man wird ohne die vorliegende Lebensdarstellung nicht auskommen.

Roland Zirkler, Rhein-Neckar-Zeitung

Was sich aus der Fülle des Materials zusammensetzen ließ, ergab ein dichtes Mosaikbild von Rilkes Leben. Das zu liefern war die Absicht Praters, sozusagen sein biographisches Programm. Das ist ihm auf bewundernswerte Weise gelungen.

Walter Neumann, Deutsches Allgemeines Sonntagsblatt

Prater hat nun in mühevoller Kleinarbeit, die ihm nie die Sicht auf das »gläserne Gefäß« des ganzen Lebens Rainer Maria Rilkes trübte, ein Mosaik zusammengetragen, das füglich als die genaueste Biographie gelten kann, die heute über Rilke zu schreiben möglich ist.

Rüdiger Görner, Neue Zürcher Zeitung